잊혀진 하나님
Forgotten God

잊혀진 하나님
Forgotten God

프랜시스 챈 지음 | 이영자 옮김

초판 1쇄 발행 2012년 1월 12일

지은이 프랜시스 챈
옮긴이 이영자
펴낸이 강안삼
펴낸곳 미션월드

등록번호 제4-234호(1993.11.11)
주소 143-901 서울시 광진구 중곡3동 187-23
홈페이지 www.missionworld.co.kr / godfamily-edit@daum.net
전화 02)462-5711 **팩스** 02)462-5718

값 10,000원
ISBN 978-89-5740-268-9   03230

Forgotten God
Copyright ⓒ 2012 Francis Chan
David C. Cook, 4050 Lee Vance View, Colorado Springs, Colorado 80918 U.S.A.

Korean edition ⓒ 2012 Mission World Library
187-23 Junggok 3-dong, Gwangjin-gu, Seoul, 143-901 Korea

*잘못 만들어진 책은 교환해 드립니다.
*본 저작물의 저작권은 David C. Cook과 독점 계약한 미션월드라이브러리에 있습니다.
*신 저작권법에 의하여 한국 내에서 보호를 받는 저작물이므로 무단 전재와 무단 복제를 금합니다.

미·션·월·드·의·출·판·생·각

삶을 변화시키는 책
미션월드는 영적 선각자들의 영감있는 책들을 발간함으로 그리스도인의 삶의 변화를 추구합니다.

가정을 살리는 책
많은 가정이 무너지고 있습니다. 그리고 무너지는 가정을 통해 우리 내면의 병든 모습을 바라보게 됩니다. 가정을 살리는 것이 교회를 바로 세우는 길임을 알기에 미션월드는 오늘도 능력 있는 가정 책자를 발간합니다. 내 가정을 작은 교회로 만들기 위함입니다.

교회를 새롭게 하는 책
가정과 교회는 목회의 동반자라는 확신 아래 미션월드는 교회를 올바르게 세우는 사역의 비전을 가지고 있습니다. 이를 위해 옳게 쓰여진 목회 도서를 발간합니다.

추천사

"당신은 지금 영적 공허함을 느끼는가? 그래서 뭔가를 찾고 있는가? 그렇다면 당신의 삶에서 하나님의 임재와 성령의 능력을 상실했기 때문일 것이다. 프랜시스 챈은 이 책에서 삶에 일대 변혁을 일으킬 성령에 대한 메시지를 기탄없이 쏟아낸다."

크랙 그로쉘 Graig Groeschel, TV Life Church 설립 목사

"흔히 성령을 삼위 하나님의 신데렐라라고 한다. 그러나 성령의 인도하심을 따라 살지 않는 한 건강한 교회도 건강한 그리스도인도 없으며 영적 성숙 또한 기대할 수 없다. 프랜시스 챈의 이 신간이야말로 그동안 잃어버렸던 하나님과의 교제를 회복하도록 경각심을 불러일으킬 것이다."

싸이몬 폰슨비 Simon Ponsonby, 성경교사, 목사

『크레이지 러브』예찬
(Crazy Love | 프랜시스 챈 지음 | 미션월드 | 문의 02.462.5711)

"챈은 시종일관 열정적인 톤으로 그리스도인들이 성경을 심각하게 받아들여야 한다면서 자유분방함 속에 단지 무사 안일한 삶만을 추구하는 현대 그리스도인들의 덥지도 차지도 않은 신앙의 모습을 적나라하게 파헤친다. 한편 이와는 대조적으로, 그리스도의 부르심에 순종함으로 시간과 물질, 건강 심지어 목숨까지 바친 그리스도인들의 역동적인 삶의 이야기를 들려준다. 그런가 하면 자신의 사는 집마저 줄여가면서 가난한 이들을 위해 자신의 소유를 나누며 정말 "미친"듯이 살고자 몸부림치는 저자 자신의 체험적 삶을 진솔하게 털어낸다. 신실한 그리스도인이라면 반드시 실천해야 할 값진 교훈을 이 책에서 발견할 것이다."

퍼블리셔스 위클리 Publishers Weekly 국제뉴스지

"현실에 안주하는 오늘의 교회를 그 깊은 잠에서 깨우고자 절박함과 독특한 필치로 문제의 정곡을 찌르는 '크레이지 러브'는 지금 당장에라도 예수 그리스도를 더욱더 열망하게 하는 박진감 넘치는 걸작이다."

루이 기글리오 Louie Giglio / Passion Cunferences의 설립자 및 대표

"프랜시스의 삶이야말로 잃어버린 영혼, 낮은 자, 연약한 자, 가난한 자들을 향한 깊은 연민이 빚어낸 진정한 지도력이 무엇인지 보여준다. 내 친구인 그는, 참으로 열정적이고도 헌신적인 주님의 제자이기에 그 모든 일이 가능했다. 그의 최신간 '크레이지 러브'에서 프랜시스는 그가 생각해온 그리스도인의 삶이 무엇인지 속속들이 들춰내며, 아울러 예수 그리스도와의 비상한 친밀함, 마침내 세상을 변화시키고야 마는 그 친밀함의 능력으로 우리를 안내한다."

조니 에릭슨 타다 Joni Eareckson Tada 베스트셀러 작가 겸 강연자

"종교적 위선과 영적 무관심을 넘어 신은 단지 착각일 뿐이라는 출판물이 판치는 암울한 이 시대에 '크레이지 러브'는 등대와 같이 찬란한 희망의 빛을 발한다. 아직도 틀에 박힌 종교생활에 안주하고 있다면 분명 신선한 충격이 될 이 책을 권한다. 여기서 내 영혼의 눈이 열리는 스릴을 느꼈기 때문이다. 강단에서든 지면을 통해서든 프랜시스 챈은 그리스도에 대한 열정적인 사랑을 쏟아낼 뿐 아니라 무기력한 기독교를 폐기처분하고 하나님을 뜨겁게 사랑할 것을 촉구하며 그 실천 방법을 제시한다."

커크 카메론 Kirk Cameron, 영화배우, Still Growing의 저자

사랑하는 딸, 나의 친구 라헬에게
네 안에 살아 계신 성령을 바라보는 일이
내게 얼마나 큰 기쁨인지 너는 아마 모를 거다.
우리 함께 영원히 그분을 따라가자꾸나.

잊혀진 하나님, 성령
성령에 대한 치명적 무관심에서 회복되기를 소망하며

Forgotten God

CONTENTS

- 14 감사의 글
- 16 들어가는 글
- 27 **1장** 내게 예수님이 계시는데… 왜 또 성령이 필요한가?
- 48 **2장** 무엇이 두려운가?
- 72 **3장** 성령론 개론
- 97 **4장** 왜 성령을 사모하는가?
- 121 **5장** 실제적 관계
- 143 **6장** 당신의 삶을 위한 성령의 뜻을 잊어버려라!
- 169 **7장** 초자연적 교회
- 195 나가는 글

감사의 글 Acknowledgments

■ **리사와 아이들에게**
성령이 인도하는 곳이면 어디든지 가고자 하는 아빠를 지원해 주는 사랑하는 아내와 아이들에게 고마움을 전한다. 그게 항상 쉽지 않다는 걸 알기에.

■ **모퉁이돌 교회(Chonerstone Church) 장로들에게**
나의 목회사역에 함께해 준 그 인내와 성령이 인도하시는 대로 주저하지 않고 조언해 주심에 감사한다. 함께 동역할 수 있었음이 내게 큰 기쁨이다.

■ **다나에**
그녀가 없었으면 이 책의 집필은 불가능했을 것이란 점을 다시금 밝힌다. 특별한 은사를 지닌 그녀의 성경적 기독교에 대한 진정한 헌신에 경의를 표한다.

■ **디.씨. 제이콥슨과 동료회(D.C. Jacobson & Associates)의 단과 제니에게**
그들의 지도에 감사한다.

■ **David C. Cook 팀원들에게**
모든 수고에 고마운 마음을 전한다.

■ 짐에게

이 멋진 표지 디자인을 제공해 준 것에 대해 고마움을 전한다. 모두가 CloverSites.com에서 웹싸이트를 구매해야 했으니까(그 홍보 턱으로 자네 내게 스시 빚 많이 진 거 기억하게).

■ 제시와 리쉬, 키스와 크리스티, 진과 샌드라, 크리스와 쥴리, 짐과 쉐리, 프랭크와 크리스티, 아담과 스티프, 케빈, 폴

딱히 뭘 도와줬다고 꼬집을 순 없어도 지면에서 이 친구들의 이름을 보는 것만으로도 내겐 언제나 큰 기쁨이다.

들어가는 글 Introduction

성령을 "잊혀진 하나님"이라 부르다니 이건 좀 지나친 게 아닌가 싶을지 모르겠다. 오늘의 교회가 엉뚱한 곳에 너무 많은 관심을 쏟은 것은 사실이지만 그래도 성령을 잊었다고 말하는 것은 좀 과장된 것이라 느낄 수 있기 때문이다. 그렇지만 내 생각은 다르다.

내가 보기에 성령은 참담하리만큼 도외시 되고 있다. 이는 여러 가지 현실적인 이유들을 그 원인으로 들 수 있다. 복음주의자라면 아무도 성령의 존재를 부인하지 않지만, 지난 한 해 동안 자신의 삶 속에서 성령의 임재나 성령의 역사를 경험했다고 자신 있게 말할 수 없는 교인이 미국 전역에 수백만에 이를 것이라고 나는 감히 말할 수 있다. 더 안타까운 것은 이들 대부분이 경험할 수 있다는 사실조차 믿지 않는다는 것이다.

교회 예배의 성공기준이 성령의 역사라기보다는 예배 참석자 수에 의해 좌우되는 것이 오늘 우리 교회의 현주소다. 1980~90년대에 이르러 각종 프로그램이 교회 내에 널리 접목되었다. 이런 방식으로 더러는 한 주일에 한두 시간 정도 지루함을 덜어 준 반면, 교회는 희생을 자원하며 성령의 지배를 갈망하는 하나님의 종들로 채워지기보다는 점점 자기중심적인 소비자들로 대체되어 갔다.

문제의식을 가지기에는 우리가 이미 교회 현실에 익숙해지다 못해 아예 편안해져 버렸는지도 모르겠다. 그러나 당신이 만일 성경을 읽는 일 외에 할 수 있는 일이라고는 아무 것도 없는 무인도에서 성장했다면 어떠했겠는가? 20년이 지난 후, 당신이 섬을 떠나 한 전형적인 교회에 참석했다고 상상해 보라. 틀림없이 충격을 받았을 것이다(여러 가지 이유로, 그러나 이는 또 다른 차원의 얘기다). 현대 기독교 문화라는 울타리를 벗어나서 성경을 읽는다면, 공기와 생명체의 관계만큼이나 성령은 그리스도인의 삶에 있어서 결정적인 요소임을 부인하지 못할 것이다. 성령으로 말미암아 초대교회 성도들은 말로는 설명할 수 없는 일들을 경험했다. 그렇기 때문에 이들은 당시 문화 속에서는 도저히 이해할 수 없는 삶을 살았던 것이다. 그들이 이런 경험을 통하여 마침내 온 세상에 하나님의 은혜의 복음을 전파할 수 있었다는 사실을 우리는 알고 있다.

우리가 성경에서 발견하는 성령과 오늘 대부분의 신자나 교회들이 성령을 적용하는 방법 사이에는 엄청난 차이가 있다.

오늘 많은 교회에서 나타나는 현상으로 숨길 수 없는 사실이 성령 부재라는 데에 당신은 망연자실할 것이다. 나는 이것이 문제라고 믿는다.

만일 내가 사탄이라면, 그리고 내 궁극적인 목적이 하나님 나라와 그의 목적을 좌절시키는 일이라면, 나의 핵심 전략은 교인들로 하여금 성령을 무시하게 만드는 일이 될 것이다. 이런 일이 발생하는 정도는 대체로 우리가 교회에 대해 또한 교회 내에서 느끼는 불만과 직결된다. 사실 우리는 교회가 무언가 매우 중요한 것을 잃어버리고 있음을 인정한다. 그래서 이런 느낌을 도저히 떨쳐버릴 수 없는 사람들은 결국 교회를 떠나거나 하나님의 말씀을 철저히 외면하게 된다.

여기서 말하는 잃어버린 뭔가가, 바로 성령이라고 나는 믿는다. 성령을 떠난 인간은 결국 자신의 능력만을 믿기 마련이다. 때문에 무슨 일이든 그 결과는 항상 자기 자신의 힘이라는 한계를 벗어날 수 없다. 세상을 움직이는 것은 인간의 사랑이나 행동이 아니다. 교회는 성령이 없이는 인간의 다른 모임과 구별된 삶을 살 수 있는 능력을 찾을 길이 없다. 그러나 신자들이 성령의 능력으로 살아갈 때 그들의 삶 가운데는 초자연적 증거가 나타난다. 그리하여 교회는 구별될 수밖에 없고, 또 세상은 구별된 교회를 주목할 수밖에 없다.

이 책을 집필하면서 집요하게 뇌리에서 떠나지 않는 질문은 '어찌 감히 인간이 하나님의 성령이라는 이 신성한 주제를 제대로 다룰 수 있으랴?'라는 물음이었다. 사실 이 이상 나를 겁나게 하는 주제도 없다. 그러므로 모든 하나님의 교회에서, 특히나 성령을 거의 잃어버린 듯한 대부분의 서구 교회를 생각할 때, 이보다 더 근본적인 주제는 찾을 수 없다. 분명히 나는 서구의 상황을 중심으로 이 책을 쓰고 있지만, 아직도 그리스도의 몸은 역동적으로 성장하고 있다. 성령의 역사가 아프리카나 남아메리카, 아시아와 같은 대륙에서도 일어나고 있음을 나는 알고 있다. 지금도 하나님은 세계 곳곳에서 그곳에 맞는 독특한 방식으로 일하고 계신다. 이로써 여기와 거기의 다른 점이 해명될 수 있다고 생각한다. 아무튼 성령을 간절히 사모하고 그 앞에 겸손히 엎드려 부귀나 안일 따위에 아랑곳하지 않는 사람들이 있는 곳에서는 성령께서 더욱 확실하게 역사하신다고 나는 믿는다.

그동안 가물거리던 미국교회의 불꽃이 이제 거의 꺼져가는 상황에서 볼 때, 교회는 대체로 이 세상 왕국과 가치에 밀려나는 형국이었다.

사실 많은 사람들이 교회가 문제를 안고 있다는 데는 인식을 같이 한다. 그러나 문제의 해결을 위해 뭔가를 시도하는 사람은 별로 없고 혹 있다고 해도 방향이 잘못된 경우가 있다. 그런데 이런 문화적 흐름에 대한 통찰력을 지닌 사람들이 의미심장한 목소리를 내기보다는 오히려 여기에 굴복하기 때문에 많은 경우 세상과 다른 점을 발견할 수 없게 된다. 이 책을 쓰게 된 동기가 사명에서인지 아니면 순전히 절박감 때문인지 확신이 서지 않는다. 어쩌면 둘 다인지 모른다. 솔직히 내게 이런 책을 쓸 "권리"가 있는 것은 아니지만 이는 꼭 필요한 책이라고 믿기 때문에 하나님께서 그분의 영광을 위해 사용하시리라는 믿음으로 이 책을 집필하게 되었다.

오늘과 같은 상황에서 우리에게는 성령이 절대적으로 요구된다. 물론 성령은 항상 중요하지만 지금은 특별한 상황이다. 성령이 역사하시면 그 누구도, 그 무엇도 성령을 막을 수 없다. 그러나 성령이 역사하지 않는 한, 아무리 노력하고 엄청난 물질을 쏟아 붓는다 할지라도 진정한 열매는 기대할 수 없다. 교회가 단지 인간의 집단으로 전락한다면 더 이상 하나님과도 상관이 없다. 우리 인간의 삶과 관련된 모든 것이나 교회의 모든 일들이 성령의 역사나 임재 없이도 설명될 수 있다면, 우리가 하는 모든 일들은 헛된 것일 수밖에 없다.

오늘날 우리가 잃어버린 것은 신학이 아니라 어쩌면 신학적 진정성이 아닌가 생각된다. 많은 사람이 지식은 갖고 있지만 삶과 지식 사이의 괴리감을 인정하는 용기가 부족하다. 지금까지 성령론이나 삼위일체론 등 시중에 나와 있는 신학 도서들만 해도 수백 권이 넘을 것이다. 그러나 본서는 그런 종류에 속하는 책이 아니라는 사실을 분명히 하고 싶다. 아울러 본서에서는 내가 제시하고자 하는 진리를 설명하기 위하여 몇 가지 형용사, 즉 "분명한"이라든지 혹은 "도외시된", "결정적인"이라는 말이 자주 사용될 것이라는 점을 유념해 주기 바란다.

다음 장에서는 대개 우리가 알고 있는 성령에 대한 기초적인 지식을 설명하려고 한다. 성령에 대한 몇몇 핵심 성경 구절을 중심으로 해서 우리가 갖고 있는 오해나 남용, 더 나아가 성령에 대한 두려움까지 함께 살펴보고자 한다. 이와 같은 솔직한 성찰을 통해서 현재 우리가 갖고 있는 성령에 대한 이해를 뛰어넘어 성령과 거리낌 없이 교통하며 날마다, 아니 순간마다 성령과의 교제를 경험하게 되기를 소망한다. 성령과 동행함으로써, 몇 달 전 혹은 몇 년 전에 경험했던 과거의 성령 체험을 추억하는 자리에 머물지 않고 바로 지금 이곳에 역사하시는 성령과의 사귐이 가능하게 될 것이다. 이로써 성령 안에 있는 능력과 지혜가 우리를 위한 것임을 기억하고 더욱더 사모하며 기도하게 될 것이다. 이처럼 성령의 약속을 의지할 때 우리는 연약함 속에서도 좌절을 떨쳐버리고 분연히 일어나 능력 있게 성령의 열매를 맺는 삶을 살아가게 될 것이다.

성령으로 말미암아 당신의 삶이 변화됨으로 드디어, "그들이 베드로와 요한이 담대하게 말함을 보고 그들을 본래 학문 없는 범인으로 알았다가 이상히 여기며 또 전에 예수와 함께 있던 줄도 알고"라는 사도행전(4:13) 말씀이 진정 당신을 향한 고백이 되길 기도한다.

어쩌면 이 책을 읽는 일이 그리 만만치 않을 수도 있다. 당신이 성장해온 종교적 전통이나 배경이 어떻든지 성령이라는 주제에는 대부분의 경우 신비적인 경험이나 정형화된 고정관념이 따르기 때문이다. 따라서 정말 배우기 위해서는 과거의 경험이나 고정관념을 내려놓고 마음을 열어야 할 것이다. 기꺼이 그렇게 할 수 있기 바란다.

개중에는 성령이라는 말만 들어도 내가 광적인 카리스마로 접근할까 싶어 겁부터 내는 독자도 있을지 모른다. 하지만 또 다른 한편에서는 말이나 행동에서 절대 성령을 인정하지 않는 극단적인 보수주의자들을 떠올리며 내가 그 정도는 아니기를 바라는 경우도 있을 것이다. 이토록 성령에 대해서는 여러 고정관념들이 있어서 오해하거나 남용하는 등, 사람마다 이해가 다 다르다.

어떤 이들은 성령에 관해 떠벌이고 더러는 성령 받았다고 자랑을 하지만 실제 그들의 삶에서는 성령의 열매를 찾아볼 수 없다. 혹자는 성령을 이론적으로나 신학적으로는 설명을 잘해도 실제로는 성령의 역사를 경험하지 못한다. 예상하는지 모르겠지만, 많은 이들이 실제 상황에서는 아직도 성령을 도외시하거나 성령과의 친밀한 교제를 거의 체험하지 못하고 있다. 그런가 하면 성령에 관해 말은 자주 하지 않지만 실제 삶의 현장에서 성령의 임재와 놀라운 성령의 역사를 증거 하는 경우도 있다.

때문에 극단적이거나 비정상적인 경우와는 차별화된 균형 있고 건강한 성령체험을 원하는 분들이 의외로 많으리라 생각한다. 그렇지만 우리가 하고자 하는 것은 그것이 아니다. 하나님을 말할 때 균형이란 말을 사용하는 것은 큰 결례다. 왜냐하면 하나님은 인생이라는 요리용 믹스에 들어가는 한 가지 재료가 아니기 때문이다. 하나님은 우리 안에 들어오셔서 우리 내면의 모든 영역을 지배하도록 초청받기를 원하신다. 이와 마찬가지로 성령의 "이상적 균형"을 추구한다는 말도 결국에는, 성령을 너무 많이 받은 사람이 있는가 하면 또 너무 적게 받은 사람이 있음을 의미하게 되는데 그렇다면 아직도 나는 성령을 너무 많이 받은 누군가를 만나야 한다. 장담하건대, 입에 침이 마르도록 성령을 말하는 사람을 여럿 만났지만 그

중에 정말 성령의 임재가 넘치도록 충만한 사람을 나는 아직까지 보지 못했다.

하나님을 너무 많이 소유한다는 말이 가당키나 한 말인가? 사람이 경험한 하나님과의 친밀감이나 그에 대한 지식이나 능력을 부피나 양으로 계산해서 이만하면 충분하다고 만족할 수 있다는 것이 과연 가능한 일인가? 하나님과의 만남은 오직 그분을 더욱더 사모하게 만들 뿐이다.

분명히 말하는데, 이는 그릇된 극단주의를 향한 일성(一聲)이 아니라 믿는 자들도 하나님의 기준에서 볼 때 "완전"에는 도저히 이를 수 없음을 인정하는 것이다. 하나님은 무한한 존재요 우리 인간은 유한한 존재다. 그러므로 하나님의 성품 속에는 아직도 우리가 더 발견하고 경험해야 할 그분의 사랑과 능력이 남아 있다.

당신이 성령을 완전히 이해할 수 없고 또 충분히 경험할 수도 없다는 사실을 인정할 때, 무슨 일이 벌어질지 정확히는 말할 수 없지만 그런 것은 괘념치 말고 성령을 더욱 사모하기 바란다. 내가 아는 것은 이것이다: 즉 당신이 성령께 완전히 굴복할 때, 당신이 아니라 오직 그리스도가 드러난다는 사실이다(요 6:14).

아마도 우리 문제의 핵심은 성령을 너무 많이 받았다기보다 하나님께 우리 자신을 드리지 못하는 데 있을 것이다. "그저 제게는 하나님이 조금만 있어도 매우 감사해요."라고 말하는 사람이라면 그는 사실상 "내가 정말 염려하는 내 인생의 여러 부분을 하나님께 내드리지 않고 그냥 제가 알아서 하겠어요."라고 말하는 것이라 할 수 있다.

하지만 일이 그렇게 되지는 않는다. 성경을 읽으면서 깨닫는 진리는 우리 삶을 성령께 온전히 굴복시키고 전적으로 의지해야 한다는 것이다.

바울은 고린도교회 성도들에게 보낸 편지에서 자신의 말이 "지혜의 권하는 말"이 아니라 다만 "성령의 나타남과 능력"으로 하여 너희 믿음이 "사람의 지혜에 있지 아니하고" 다만 "하나님의 능력"에 있게 하려 함이라고 했다(고전 2:4~5). 이 편지 뒷부분에서 그는 또 "하나님의 나라는 말에 있지 아니하고 오직 능력에 있음이라"고 기록했다(고전 4:20).

오늘 대부분의 교회에서는 인간의 지혜를 높이 평가하고 삶의 지혜에 대한 말들은 많이 주고받으면서도 막상 하나님의 임재나 능력은 별로 찾아볼 수 없다. 당신의 경우는 어떤가?

하나님에 대해서 말로만 떠벌이는 일에 나는 지쳤다. 이제는 나를 통해 역사하시는 하나님, 우리 코너스톤 교회를 통해서 일하시는 하나님, 그리고 그리스도의 몸인 온 세계 교회를 통해 역사하시는 하나님을 진정으로 보기 원한다. 지금도 도처에서 많은 역사가 계속 일어나고 있음을 나는 알고 있다. 나뿐 아니라 우리는 모두 하나님의 역사가 계속되고 있다는 사실을 안다. 그러므로 내가 이 책을 쓰는 이유는 하나님이 어떻게 우리를 부르시고 성령의 임재와 능력으로 더 많은 역사를 이루시는지 당신과 함께 살펴보기 위해서다.

내 인생의 남은 날들을 이런 부진한 상태로 살아가는 것을 나 스스로 용납할 수가 없다. 혹여 오해가 없기를 바란다. 감사하게도 지금까지 하나님은 내 삶 속에서 많은 일을 이루어 주셨다. 그러나 나는 아직도 많은 일이 남아 있다는 말을 하고 싶다. 우리가 지금까지 경험한 것 이상으로 성령 하나님의 역사는 아직도 계속되고 있기 때문이다. 단지 지적으로가 아닌 실제의 내 삶 속에서 그리고 나의 전 존재를 통해서 더 많은 경험을 하기 원한다.

이 책을 시작하면서, 더 많은 성령체험을 사모하는 마음, 바로 그곳이 우리 모두의 출발점이 되기를 기원한다. 성령의 임재와 역사하심을 향해 우리의 마음과 삶을 이전보다 더 활짝 열 수 있기 바란다. 아울러 이 책을 다 읽고 난 후에 우리가 모두 성령의 임재와 능력으로 말미암아 처음 읽기 시작했을 때와는 전혀 다른 사람이 되기를 진심으로 열망한다.

1장
내게 예수님이 계시는데…
왜 또 성령이 필요한가?

우리가 잘 아는 대로 우리의 전반적인 영적 수준은 저조한 편이다. 그 결과, 우리는 세상을 답습하게 되었고, 대중의 인기에 편승했으며, 그리스도 안에서의 기쁨 대신 인위적 기쁨을 만들어 냈으며 성령의 능력을 대체하기 위하여 값싼 인조능력을 개발해 낸다.

_ A.W. 토저

나는 오늘의 교회가 절대적으로 성령께 제자리를 내어 드려야 한다고 확신한다. 오늘의 교회에 문제가 있고 뭔가 잘못됐다는데 우리가 모두 동의하지만 이 문제에 대한 일치된 해결책을 내놓을 수 있다고는 생각하지 않는다. 성령의 구체적인 필요와 관련해서 무엇이 잘못된 것인지를 우리들 대부분이 제대로 분별하지 못하기 때문이다.

앞에서 특히 성령을 이해하는 면에서 우리가 스스로에 대해 솔직하지 못하다는 사실이 내게는 충격적이다. 한번은 여호와의 증인 두 사람이 우리 집 현관문을 두드렸다. 대화를 나누기 원한다고 했다. 할 일도 많고 해서 그냥 보내려다 그들이 떠벌이기 시작하기에 잠깐 시간을 내보기로 했다. 그래서 나는 그들의 가르침 중에서 예수님이 천사장 미가엘과 같은 사람이라는 말이 매우 모욕적이라고 정중하게 말했다. 그리고 이어서 예수는 많은 천사 중 하나와 같은 분이 아니라 훨씬 높으신 분이며 나는 그분이 하나님이심을 믿는다고 했다. 그러자 그들은 "아니지요. 예수/미가엘은 유일한 천사장입니다. 다른 천사장은 없습니다."라고 응수했다. 그래서 나는 다시 그들이 가지고 있는 성경을 펼쳐서 다니엘 10장 13절 "그런데 바사 왕국의 군주가 이십일 일 동안 나를 막았으므로 내가 거기 바사 왕국의 왕들과 함께 머물러 있더니 가장 높은 군주 중 하나인 미가엘이 와서 나를 도와주므로"라는 말씀을 보여주며 읽어 보라고 했다. 그리고 이 구절은 미가엘이 가장 높은 "군주 또는 천사장 중 하나"임을 분명히 밝히고 있다고 지적했다.

그러자 그들은 말문이 막혔다. 이런 말씀은 들어 본 적도 읽어 본 적도 없었다고 했다. 이에 그들이 나를 주목하자 "그러니 이제 하루 날을 잡아 성경을 읽고 하나님을 찾아보세요. 그러면 예수가 미가엘 천사장과 같은 사람이라는 말은 결코 할 수 없을 겁니다. 당신들이 그렇게 믿는 것은 그렇게 들었기 때문이지요. 그러니 내가 여기 이렇게 서서 더 이상 당신들에게 다른 것을 떠먹여 줄 이유가 없습니다."라고 잘라 말했다. 그리고는 들은 말이라고 해서 무조건 그대로 수용할 것이 아니라 본인 스스로가 성경을 읽으라고 도전했다. 그러자 그렇게 해보겠다는 말을 뒤로한 채 그들은 가버렸다.

말문이 막혀 당황하는 그들에게 의문의 씨앗을 심어 준 나 자신이 조금은 자랑스럽게 느껴졌다. 그런데 과연 나는 그들에게 공평했는지 스스로 의심하지 않을 수 없었다. 지금까지 과연 나는 성경을 읽을 때 그 말씀이 입증해 주는 진리를 추구했던가? 아니면 조금 전 그 여호와의 증인들과 마찬가지로 다른 사람들에게서 들은 것을 수동적으로 수용했던 것은 아니었을까?

그 일 후로 나는 마치 전에 성경을 한 번도 읽어 본 적이 없는 사람처럼 성경을 다시 읽기 시작했다. 성경을 지금까지 수년 동안이나 읽어 왔지만 그날은 정말 "살아있고 운동력 있는" 말씀이 되게 해달라고 성령께 간구했다. 그리고는 그동안 내 마음에 입력된 잘못된 개념들을 "판단"하게 해달라고 기도했다(히 4:12). 이는 수년 동안 교회문화에 젖어 있던 우리를 위해 매우 바람직한 훈련이다. 물론 여기에도 위험성은 있다. 왜냐하면 성경은 신실하고 책임 있는 신앙 공동체에서 올바르게 해석되어야 하기 때문이다. 그러나 이런 조건이 충족됐다 하더라도 기독교의 거품 속에 깊이 안주해 버린 우리는 현재 상태에서 과감히 벗어나야 한다. 그리고 우리가 과연 성경적인 삶을 살고 있는지 냉철하게 성찰해 볼 필요가 있다.

우리는 대개 우리가 믿는 바를 옳다고 추정하면서도 우리 자신을 스스로 진지하게 검토해 본 적이 없다. "이것이 그 방법이야!"라는 말만 들었을 뿐 한 번도 의문을 제기해 보지 않았다. 문제는 이렇게 우리가 믿는 것의 상당 부분이 성경에 근거하기보다는 우리의 편안함이나 문화적 전통에 그 근거를 두고 있다는 데 있다.

우리 집 현관에서 내가 잠깐 만났던 그 여호와의 증인들만큼이나 우리도 믿음을 다시 한 번 점검할 필요가 있다고 믿는다. 베뢰아 사람들은 그들이 배운 것에 대해 의문을 가짐으로써 훌륭한 본보기를 보여주었다는 점에서 칭찬받은 자들이었다. 심지어 그들은 사도들의 가르침마저도 성경과 일치하는지 확인했다.

> 베뢰아에 있는 사람들은 데살로니가에 있는 사람들보다 더 너그러워서 간절한 마음으로 말씀을 받고 이것이 그러한가 하여 날마다 성경을 상고하므로 (행 17:11)

우리가 반드시 검토해야 할 사항 중 하나는 성령을 어떻게 생각하며 또한 성령을 어떻게 삶에 연관시키느냐는 것이다. 앞서 언급했듯이, 만일 우리가 교회라고는 한 번도 가 본 일 없이 신구약 성경만을 읽었다면 우리 삶 속에서 성령에 대한 기대가 매우 컸으리라 생각된다.

예수님이 제자들에게 자신의 죽음을 예고하시면서 "다른 보혜사"를 주시겠다는 말씀으로 그들을 위로하신(요 14:16) 장면을 상상해 보라. 이어 예수님은 요한복음 16장 17절에서 "내가 떠나야 보혜사가 오실 수 있기 때문에 내가 떠나는 것이 너희에게 유익이라"고까지 말씀하신다. 또한 사도행전 1장 4~5절에서 십자가에 돌아가시고 부활하신 후 예수님은 제자들에게 예루살렘에 머물면서 성령을 기다리라고 말씀하셨다. 그렇지만 제자들은 그들이 기다리는 것이 무엇인지, 누구를 기다리는 것인지 아니면 또 어떻게 될 것인지 전혀 알지 못했다. 그럼에도 예수님이 이 좋은 선물을 기다리라고 명하셨기에 그들은 신뢰하며 기대하고 있었던 것이다.

그 후, 사도행전 2장에서 우리는 제자들에게 감히 상상도 하지 못했던 충격적인 방법으로 성령강림의 약속이 성취되는 장면을 보게 된다. 이 장면에서 성령은 이제까지 그 누구도 보거나 경험하지 못했던 전례 없는 강력한 힘을 동반했다. 베드로는 이 성령을 믿는 자라면 누구든지 받을 수 있는 놀라운 주님의 약속이라고 말했다. 또한 서신서들 역시 우리 안에서 역사하시며 그로 말미암아 능히 죄를 끊어버릴 수 있는 성령의 놀라운 능력과 그가 주시는 초자연적 은사들에 관해 기록하고 있다.

만일 우리가 이런 이야기를 읽고 또 믿었다면 우리는 엄청난 성령의 역사를 기대할 수 있었을 것이다. 그랬더라면 성령을 마지못해 인정한다는 표시로 가끔 고개나 끄덕일 정도의 거의 잊혀진 존재로 도외시하지는 않았을 것이다. 그리고 대부분의 미국 교회도 오늘과 같이 성령을 그리 홀대하지 않았을 것이다. 이제 우리는 성령 없이 살아온 과거 생활과는 근본적으로 다른, 진정 성령과 동행하는 혁신적인 삶을 기대할 수 있기 바란다.

하지만 이런 방법이 대부분의 사람들에게 통하거나 해당하는 것은 아니다. 우리가 그런 식으로 살아오지 않았기 때문이다. 어떤 연유에서인지 우리는 성령이 필요하다고 생각지 않는다. 그래서 성령의 활동도 별로 기대하지 않는다. 설사 기대한다 해도 그 기대가 잘못되었거나 아니면 자기 잇속만 챙기고 나면 그만이다. 그래서 우리는 주변에서 성령 없이도 자신의 재능이나 경험, 학벌만 가지고도 꽤 잘 나가는 성공적인 삶(세상적인 기준에서 볼 때)을 사는 사람들을 보게 된다.

심지어는 교회성장도 성령 없이 가능할 수 있다. 솔직하게 말해 보자. 만일 당신 교회에서 카리스마 넘치는 명설교 자에다 인기 있는 연예인 그룹, 힙합 댄스며 획기적인 이벤트 등을 예배에 동원한다면 틀림없이 사람들은 교회로 몰려 올 것이다. 그러나 이를 두고 참석자들의 삶 속에 성령이 역동적으로 역사했다고 말할 수는 없는 일이다. 단지 교회가 주일에 두어 시간 사람들을 끌어모으기에 충분한 여흥 프로그램을 마련하고 시간과 장소를 제공했다는 것 외에 다른 의미를 부여할 수 없을 것이다.

분명한 것은 그날 교회 문을 나서는 사람들이 하나님을 예배했다거나 하나님께 대한 경외심을 고양시킨 시간이었다고는 말하지 않을 거라는 것이다. 사람들이 "교회"에 오는 일차적 이유가 하나님이기보다는 음악의 질이나 감동적인 설교에 더 관심이 있기 때문이다.

그런데 최악의 상황은 교회 울타리를 벗어나 신자와 불신자가 같은 동네에 함께 모여 살면서 어울릴 때 벌어진다. 그때 신자와 불신자 사이에 뚜렷한 차이점이 발견되는가? 어쩌다 교회에서 안면을 익힌 일이 없었다면 그들의 사고방식과 행동을 볼 때 과연 그들이 예수님의 제자라고 인정받겠느냐는 것이다. 솔직히 믿지 않는 이웃이 더 밝고, 더 친절하고 더 편안해 보여서 때로는 믿는 자들이 오히려 민망할 때가 있다. 왜 이런 일이 생기는가? 어떻게 이런 일이 가능하단 말인가?

로마서 8장 9절에는 "만일 너희 속에 하나님의 영이 거하시면 너희가 육신에 있지 아니하고 영에 있나니"라고 기록되어 있다. 이 말씀에 의하면, 내가 믿는 자라면 하나님의 영이 내 안에 분명히 거하신다. 고린도전서에서 바울 사도는 다음과 같이 말했다.

> 너희 몸은 너희가 하나님께로부터 받은바 너희 가운데 계신 성령의 전인 줄을 알지 못하느냐 너희는 너희의 것이 아니라 값으로 산 것이 되었으니 (고전 6:19~20)

우리 몸은 성령의 전이다. 이 말이 무슨 의미인지에 대해서는 뒤에서 좀 더 심도 있게 살펴보기로 하겠다. 그러나 실제로 이 말은 성령이 우리 몸 안에 자신의 집을 마련한다는 뜻이다. 그러므로 우리는 성령의 거처인 것이다.

그런데 나로서는 답이 궁금한 질문이 하나 있다: 그것은 하나님의 영이 우리 안에 거하시는 것이 사실이라면, 그리고 우리 몸이 진짜 성령의 전이라면, 몸 안에 성령을 모시고 사는 사람과 그렇지 않은 사람 사이에는 확실한 차이가 있어야 하는 게 아니냐는 것이다.

우스꽝스러운 예가 될지 모르지만, 내가 당신에게 내 몸 안에 들어오신 하나님을 만났는데, 그분이 내게 농구에 필요한 초자연적인 능력을 주셨다는 말을 했다 하자. 그런 경우 당신이라면 내 농구실력이 점프슛이라든가, 수비며 스피드에서 두각을 나타내리라 기대하지 않겠는가? 바로 이것이 우리가 말하는 하나님이다. 나를 지켜보았는데 내 농구 실력에서 아무런 변화가 나타나지 않았다면, 당신은 하나님과 나의 "만남"에 대해 그 진위를 의심하지 않겠는가?

전국 어디를 가든지 교회에 다니는 사람들은 성령 받았다는 말들은 잘한다. 하나님이 그들에게 초자연적인 능력을 주셔서 자기들이 예수님을 따르고 죄를 범하지 않으며 또 교회를 섬길 수 있다고 고백한다. 또한 그들은 거듭났다면서 죽었다가 이제는 생명으로 옮겨졌다고 말한다. 그러나 우리는 그런 말에 냉담해졌다. 사실 이 말은 심오한 의미를 지닌 매우 능력 있는 말이다. 그럼에도 교회 밖 사람들이 우리의 모습이나 삶에서 아무런 차이를 발견하지 못할 때, 그들은 우리의 진정성과 정신 상태는 물론, 심지어는 하나님까지도 의심하기 시작한다. 당신이라면 이런 그들을 탓할 수 있겠는가?

여기서 나는 야고보가 믿음의 형제들을 향해 "샘이 한 구멍으로 어찌 단 물과 쓴 물을 내겠느뇨?"(약 3:11)라고 엄히 책망하는 장면을 떠올리게 된다. 이 구절에서 그의 불신을 감지할 수 있을 것이다. 그가 말하고자 하는 바는 소위 그리스도인들이 하지 말았어야 할 일을 하고 있다는 얘기이다. 다시 말해서 그들이 행하지 말았어야 하는 그 일은 선이 아니라는 것이다!

야고보는 "한 입으로 찬송과 저주가 나는 도다 내 형제들아 이것이 마땅치 아니하니라"(약 3:10)라는 말로 자신의 안타까움을 토로했다. 이 야고보의 경고야말로 오늘의 교회를 향한 외침이라고 생각한다. 성령 받은 나의 형제자매여, 당신의 삶 속에 사랑과 희락과 화평과 인내와 자비라는 성령의 열매가 맺히고 있는가? 믿지 않는 친구에게서도 찾아볼 수 있는 사랑과 희락과 화평 같은 덕성들을 우리는 상실해 버리지 않았는가? 형제자매여, 만약 그렇다면 이것은 잘못된 것이다. 내가 그 여호와의 증인들에게 충고했던 것처럼 우리에게도 성령에 대한 선입견이 있음을 인정하고 새롭게 출발해야 한다. 인기 연예인들을 대거 동원해서 드리는 프로그램화된 예배보다는 훨씬 더 귀하고 복된 것들이 예수 그리스도를 따르는 길에 풍성하게 준비되어 있기 때문이다.

승천하시기 전 예수님은 "마음에 근심하지 말고 나를 믿으라"라는 말씀으로 제자들을 위로하셨다. 지난 3년 동안 동고동락했던 제자들에게 예수님의 신실하심은 이미 증명되지 않았겠는가? 예수님의 첫 번째 위로는 이별은 잠시일 뿐이며 주님이 그들을 위해 "처소"를 예비하러 가신다는 말씀이었고(요 14:2~3), 두 번째는 주님이 아버지와 함께 계시며 거기서도 그들의 기도를 들을 수 있다고 말씀하신 것이다(요 14:12~14). 마지막으로 예수님은 다른 보혜사인 성령을 보내주시겠다는 약속을 제자들에게 다시 확인해 주셨다. 그래서 아버지께서 "다른 보혜사"를 보내주시고 영원히 "그들"과 함께 하실 것이라고 주님은 분명하게 말씀하셨다(요 14:16). 이 경우에 사용된 다른 이라는 헬라어는 처음 것과 동일하다(다른 유형이나 다른 종류가 아닌)는 의미를 내포하고 있다. 이로써 예수님은 장차 오실 그분이 자신과 똑같다는 말씀을 하신 것이다.

그리스도와 "동일한" "다른" 보혜사가 나와 함께 하신다는 말의 의미를 깊이 묵상해 본 적이 있는가? 육신을 입으신 예수님이 개인 상담자가 되셔서 지금 당신 옆에 서 계신다면 어떨지 상상해 보라. 그분으로부터 언제든지 완전한 진리와 빈틈없는 지도를 받을 수 있다는 사실을 알았을 때 느끼게 되는 평안함을 상상해 보라. 이는 정말 놀라운 소식이 아닌가? 그분이 이곳에 육신으로 오셔서 우리의 모든 발걸음을 인도해 주신다니! 그 예수님을 소유할 때 누릴 수 있는 이 같은 유익을 마다할 사람은 아무도 없을 것이다.

그렇다면, 왜 우리는 예수 그리스도의 영이신 성령의 임재를 이보다 못한 것으로 생각하고 있는가? 예수를 믿는 우리는 살아 계신 하나님의 영이 우리 안에 거하시고, 예수를 죽음에서 일으키신 그의 영이 우리 안에 거하신다는 진리를 결코 부인하지 못할 것이다. 그런데 우리는 지금 이 진리를 진정으로 마음 깊이 받아들이고 그분의 의도대로 복을 누리며 살아왔는지 도무지 확신할 수가 없다. 이는 단지 이론적인 지식으로만 가지고 있을 뿐 우리 속에 완전히 체질화되지 못했기 때문이다. 그러니 믿는다 하면서도 우리 삶 속에 실제적인 변화가 없는 것은 너무나 당연한 것이 아니겠는가! 만일 내일 아침에 일어났을 때 성령이 우리 안에 거하시는 것이 사실이 아님을 발견한다면 그동안 우리의 삶이 다른 사람들이 보기에 별로 다르지 않았다는 처절한 현실을 먼저 인정해야 할 것이다.

예수님은 친히 제자들에게 "그러하나 내가 너희에게 실상을 말하노니 내가 떠나가는 것이 너희에게 유익이라 내가 떠나가지 아니하면 보혜사가 너희에게로 오시지 아니할 것이요 가면 내가 그를 너희에게로 보내리니"(요 16:7)라고 말씀하셨다. 그러니까 예수님은 무엇보다도 "그래, 내가 3년 반 동안이나 너희와 함께 있었지. 그런데 이제는 내가 떠나고 성령이 오는 게 너희에게 더 좋은 거란다."라고 말씀하신 것이다.

이천 년 전, 어느 날 제자들이 그 말씀을 들었을 때, 주님이 지금 무슨 말씀을 하시는지 이해하기 어려웠을 것이다. 그동안 같이 얘기하고 같이 먹고 같이 웃었던 사람이신 예수님을 이제 육신의 눈으로는 볼 수 없는 영과 맞바꾼다는데 어찌 태연할 수 있었겠는가? 수 천 년 후인 지금, 우리 역시도 보이지 않는 영보다는 인간의 몸을 입으신 예수님을 택했을 것이다. 그러나 예수님이 제자들에게 성령을 받는 것이 더 좋다고 말씀하신 이상 우린들 어찌하겠는가? 정말 우리가 예수 그리스도의 제자들인가? 그렇다면 우리의 삶이 그 믿음을 증명해 주고 있는가?

이 책의 독자 대부분은 성령에 대한 기본 지식을 가지고 있으리라는 내 직감이 틀리지 않을 것이다. 그러나 삶에서 성령을 체험했느냐 할 때는 상황이 달라진다. 잠시 다음 질문을 자신에게 해보라. 부인할 수 없는 성령의 역사를 내 속에서 아니면 내 주변에서 마지막으로 본 것이 언제였나? 최근이었다면 그때 성령께서 무엇을 했는지 어떻게 성령의 역사를 깨달았는지 곰곰이 생각해 보라. 그리고 당신의 삶 가운데 역사하시는 성령의 임재로 인하여 하나님께 감사하라. 지금도 당신을 인도하시는 그분의 은혜로 인하여 그분을 찬양하라.

만일 성령이 당신의 내면이나 주변에서 역사하셨던 때를 되짚어보는 일이 쉽지 않다면 그것은 당신이 성령을 도외시했기 때문일지 모른다. 어쩌면 성령에 대한 지식이 당신 머리에 머물러 있었을 뿐, 당신과는 별반 상관이 없었을 수도 있다.

초대교회 성도들은 최소한 지적인 면에서 성령에 관해 오늘 우리들 대부분이 알고 있는 만큼 알지는 못했을 것이다. 그러나 그들의 삶 가운데서 또한 그들의 삶을 통해서 성령이 역사하셨기 때문에 그들은 성령을 친밀하고도 강렬한 존재로 알게 되었다. 우리는 신약 성경을 통해서 성령의 인도를 받으며 성령의 능력으로 살았던 사도들을 종종 만나게 된다.

이 책의 목적은 성령을 완벽하게 설명한다거나 혹은 사도

시대로 돌아가려는 데 있지 않다. 그보다는 오늘을 신실하게 사는 법을 배우기 위함이다. 첫째, 유한한 우리 인간이 무한하신 하나님을 완전히 이해한다는 것은 불가능한 일이다. 둘째, 우리 대부분이 지적인 면에서는 더 이상 성령에 관한 지식을 필요로 하지 않는다. 우리에게 필요한 것은 성령의 임재를 경험한 지식이다. 셋째, 우리는 결코 과거로 "돌아갈" 수 없는 존재이므로 하나님이 우리를 있게 하신 그 시대, 그 문화 속에서 참으로 신실하게 사는 것이 무엇인지를 탐구하며 오직 앞을 향해 전진할 뿐이다.

그러므로 이 책을 통해 나는 당신이 성령에 관해 뭔가 새로운 것을 배우기 원한다. 또한, 당신이 성령과의 더 깊은 교제를 통해 삶 속에서 성령의 능력과 임재를 더 놀랍게 경험하기 바란다.

※※※※※※

몇 년 전, 한 번은 뜬금없이 아내에게 "여보, 굼벵이가 무슨 생각을 하는지 궁금했던 적이 있었소?"라고 물었다. 아내는 놀라지도 않은 채 "아니요."라고 대답했다.

그래서 나름대로 애벌레를 경험했으리라고 상상했던 혼란

에 대해 아내에게 이야기했다. 모두가 애벌레의 일생에 대한 얘기였다. 즉 애벌레가 작은 흙덩이 주변을 기어 다니기 시작하더니 풀잎 위를 오르내린다. 그러던 어느 날 애벌레는 낮잠을 잔다. 아주 긴 수면에 들어간 것이다. 긴 잠에서 깨어난 애벌레가 자신이 날 수 있다는 사실을 알게 되었을 때 그 머릿속이 도대체 어땠을까? 더럽고 통통한 작은 벌레의 몸에서 무슨 일이 벌어진 것일까? 그 작은 몸통에 우아한 날개가 달린 것을 보고 무슨 생각을 할까?

그리스도인인 우리 몸 안에 성령이 들어오실 때 우리는 이와 같은 놀라움을 경험해야 한다. 그러면서 우리 안에 거하시는 성령으로 말미암아 "새로운 피조물"이 된다는 사실을 믿지 못하는 불신앙에 우리는 경악해야 한다. 애벌레가 날 수 있는 새로운 능력을 발견했을 때처럼 성령이 부어 주시는 능력으로 말미암아 구별된 신실한 삶을 살아갈 수 있음에 우리는 뛸 듯이 기뻐해야 할 것이다. 이것이 바로 성경이 말하는 것으로써 그동안 우리 모두가 그토록 사모해 온 것이다.

예수님을 무덤에서 일으키신 하나님의 영이 우리 안에 거하신다는 것은 실로 믿기 어려운 진리다. 내 안에서 그분이 살고 계시다니. 성령께 인도해 달라고 간구할 때마다 그가 어떻게 하실지 어디로 인도하실지 나는 알 수가 없다. 하지만 하나님의 영을 소유하지 않은 사람들과 똑같은 방식으로 살아가는 것에 나는 이제 지쳤다. 날마다 성령의 능력을 의식하면서 살고 싶다. 내 안에 성령의 열매가 더 많이 나타남으로 이제는 더 이상 어제의 내가 아닌 다른 사람으로 오늘을 살고 싶다.

하루하루를 성령의 인도하심에 철저히 굴복하는 삶을 살기 원한다. 우리를 위해서는 예수님이 승천하시고 대신 성령이 오시는 편이 더 좋다고 예수님께서 말씀하셨다. 이제 내가 그 말씀이 진리임을 아는 이상 나는 그 말씀대로 살기 원한다. 내게 날 수 있는 능력이 주어졌는데 계속 기어 다니면서 살고 싶지는 않다.

조니 에릭슨 타다
Joni Eareckson Tada

　최근에 이런 질문을 받은 일이 있다. "당신이 아는 사람 중에서 누가 가장 성령 충만한 사람이라고 생각하십니까?" 나는 조니 에릭슨 타다라고 대답했다.

　1967년 당시 17세였던 조니는 어느 날 다이빙 사고로 졸지에 사지가 마비됐다. 병상에 누워있는 그녀의 머릿속은 온통 죽고 싶은 생각뿐이었다. 목에서 발끝까지 마비된 채 꼼짝없이 평생을 누워서 기본적인 필요마저도 다른 사람의 도움으로 살아가야 한다 생각하니 끔찍하기 이를 데 없었다.

　그러나 조니는 그날 목숨을 끊지 않고, 대신 자신의 삶을 하나님께 드리기로 결심했다. 하나님의 영이 그녀의 삶을 변화시켜서 그녀로 하여금 세상을 복되게 만드는 멋진 하나님의 여성이 되게 하시리라고는 꿈에도 생각지 못했던 일이었다. 하나님이 그녀에게 자신의 아픔을 딛고 다른 사람의 상처를 돌볼 수 있는 겸손과 사랑을 주셨고 그녀는 항상 "겸손한 마음으로 자기보다 남을 낫게 여기"는 그런 사람이 되었다(빌립보서 2장 3절의 화신化身).

사실 나는 그녀의 모든 행적을 어디서부터 시작해야 할지조차 모르겠다. 사고 후, 2년에 걸쳐 재활치료를 받는 동안 그림을 배우기 위해 그녀는 윗니와 아랫니 사이에 붓을 물고 수많은 시간 동안 힘겨운 훈련을 해야 했다. 섬세한 그녀의 그림과 판화는 날개 돋친 듯이 팔려나갔고 세계적인 베스트셀러가 된 그녀의 자서전, "죠니"는 후일 영화화되기도 했다. 1979년에는 조니와 친구들(Joni and Friends)이라는 기구를 창설하여 전 세계 장애인공동체를 위한 선교사역을 전개했다. 그 후, 이 기구가 확장되면서 2007년에 조니앤프랜즈 국제장애센터가 설립되어 현재 지구촌 수천 가정에 막대한 영향을 미치고 있다.

매일 방송되는 그녀의 조니앤프랜드 5분 프로그램은 무려 백만이 넘는 주간 청취자를 확보하고 있다고 한다. 이 기구를 통해 전 미국 수백만 특수 장애인 가정을 위한 가족수양회를 개최하여 그들을 돕고 있다. 휠스퍼더월드(Wheels for the World)라는 기관을 통해 휠체어를 수집해서 고장 난 휠체어는 여러 교도소로 보내져 재소자들에 의해 말끔히 수리되었다. 이렇게 수리된 휠체어들은 선편으로 개발도상국에 보내져 그곳 물리치료사들이 어린이건 어른이건 필요한 사람들에게 나누어 주고 있다. 2008년 통계에 따르면 이 기구를 통해 52,342대의 휠체어가 102개국에 기증되었으며 장애인을 포함해서 수백만 명의 선교요원 및 지역지도자가 배출됐다.

2005년에는 미 국무성으로부터 장애인 고문위원회 위원으로 위촉되어 미 국무성과 전 세계의 고통 받는 장애인들을 위한 프로그램에서 콘돌리자 라이스 여사와 함께 활동했다. 또한, 그녀는 두 차례나 생방송 래리킹 프로에 출연해서 신앙 간증뿐 아니라 미국의 장애인들과 직결된 문제에 대한 성경적 견해를 피력하기도 했다. 더욱이 조니는 35권 이상의 저서를 출간했다.

그러나 내가 그녀를 가장 성령 충만한 사람으로 생각하는 이유는 그 많은 그녀의 공적 때문이 아니다. 솔직히 그녀의 업적들과는 전혀 무관하다고 하겠다. 이는 그녀의 입에서 찬양이 터져 나오고 성경 말씀으로 적재적소에 감동적인 격려의 말을 하기까지 채 10분도 기다릴 필요가 없다는 사실 때문이다. 나는 조니와 함께 있을 때처럼 한 사람의 삶에서 성령의 열매가 확연하게 드러나는 경우를 본 적이 없었다. 눈물 없이는 조니와의 대화를 이어갈 수 없을 것만 같다. 조니야말로 모든 면에서 성령의 역사를 확증하는 삶을 사는 사람이기 때문이다.

What Are You Afeaid Of?

2장
무엇을 두려워하는가?

주님은 핍박을 무릅쓰고 주님을 드러내라고 우리에게 도전하신다. 주께 속한 자들이 담대하고 겁이 없기를 바라시는 것이다. 어떻게 육신의 연약함이 성령이 주시는 용기로 극복될 수 있는지 주님은 친히 보여 주신다. 이것이 사도들의 증거요, 특히 대변자요, 관리자인 성령의 증언이다. 그래서 그리스도인은 겁 없는 사람들이다.

_ 터툴리안

거절당하는 것에 대한 두려움이 나를 위축시켰던 적이 한두 번이 아니었다. 큰 용기를 달라고 간구하는 내 기도에 하나님이 응답해 주셨음에도 불구하고 나는 다른 사람의 시선을 의식하느라 두려움을 완전히 떨쳐낼 수 없었다. 심지어는 이 책을 쓰면서도 친구들의 반응은 어떨지, 어떤 평가를 받게 될지, 어떤 꼬리표가 붙게 될지 아니면 오해는 없을지 자못 궁금하다.

사실 다른 사람의 생각에 대한 지나친 염려는 사람의 내면에서 나오는 문제로서 반드시 극복해야 할 주제이다. 그런데 분명한 사실은 사람들이 다른 사람의 견해를 지나치게 의식하다 보면 심각하다 못해 끔찍한 두려움 속에 빠질 수 있다는 것이다.

모든 교파들이 성령에 대해 같은 견해를 가진 것은 아니다. 내가 아는 사람 중에는 성령에 대한 개인적인 확신 때문에 다니던 교회와 기독교 대학을 떠나야 했던 이들도 있었다. 신학교에 다닐 때 나와 교제하던 한 자매가 있었는데 우리는 성령에 대한 서로의 관점이 다르다는 이유로 헤어지게 됐다. 이것은 그냥 쉽게 떨쳐 버릴 수 있는 문제가 아니다. 특히 당신이 어떤 특정한 신념이나 취향으로 모인 "집단"에 속해 있을 경우에는 이것이 사실임을 더 잘 알 수 있을 것이다. 그런데 도중에 당신의 생각이 바뀌었다면 더더욱 집단 내의 다른 사람들로부터 거부당할 것을 두려워하게 될 것이다.

이런 두려움은 자연스러운 일이지만 그렇다고 반드시 옳은 것은 아니다. 우리는 성경이 제시하는 방법을 따라 삶의 방식을 정하도록 부름 받았다. 그렇지만 예수님의 방식을 따라 살게 될 경우 우리가 예상하지 못한 삶을 요구받을지 모른다는 두려움에 떨 필요는 없다. 그렇다고 우리가 인생의 모든 두려움에서 완전히 해방된다는 의미는 아니다. 오히려 그리스도를 따르는 삶은 두려움이 다가올 때 가차 없이 끊어 버릴 것을 요구한다. 말하자면, 다른 사람의 생각에 대한 두려움, 거부당할지 모른다는 두려움이 성령의 진리를 추구하면서 하나님의 가르침을 향해 전진하려는 당신의 발목을 붙잡지 못하게 하라는 것이다.

당신은 성령을 정확히 알아가려는 영적 여행에서 기꺼이 진리를 추구하려는 마음이 있는가? 또한 지금까지 당신이 성령을 오해했을 수도 있다는 가능성을 겸허히 수용할 수 있겠는가? 이에 대해 쉽사리 동의하지 못할 경우 당신은 즉시 "방어태세"를 취하면서 지금까지 믿어온 바를 변호하고 논박할 증거자료를 찾으려 할 것이다. 그런 경우, 당신의 관점을 고수하려 애쓰기보다는 잘 아는 말씀일지라도 중요한 부분을 놓친 게 아닌지 다시 한 번 접근해 보라. 그 결과 지금까지 당신이 고수해 온 기존의 신학적 입장이 옳다고 결론 날 수도 있고 그렇지 않을 수도 있을 것이다. 어떤 특정 교파나 당신이 항상 들어 왔던 말씀으로 당신의 생각을 확정하지 말고 다른 믿는 이들과의 관계 속에서 성령에 관해 하나님이 하시는 말씀을 찾아보도록 하자는 것이다. 당신에 대한 다른 사람들의 생각이나 추측에 괘념치 말고 오직 성령의 인도하심에 마음과 삶을 맡기자.

우리가 두려움에 휩싸이게 되는 데에는 어떤 경로가 있는데 그것은 지금까지의 신학적 입장(틀)을 바꿀 때 생기게 될 두려움이 우리로 하여금 기존의 해석에 집착하게 한다는 것이다. 그래서 정직하게 진리를 좇기보다는 우리의 생각이 옳았음을 "입증"하기 위해 안간힘을 쓰게 되는데 이것이 바로 자기해석의 또 다른 예이다.

하나님이 약속을 지키지 않으면 어떻게 하나?

성령에 대한 설명을 더 진전시키기 전에 몇 가지 다른 두려움에 대해 짚고 넘어갈 필요가 있다. 우리가 자주 들어왔거나 스스로 느껴왔던 또 다른 염려는 성령께 무엇을 간구했는데 아무 일도 일어나지 않으면 어떻게 하나? 라는 것이다. 내 삶 가운데 성령의 열매를 더 풍성히 맺게 해 달라고 기도했는데 그에 합당한 "결과"를 얻지 못하면 어떻게 하나? 아무 일도 일어나지 않으면 하나님이 약속을 지키지 않은 게 아닌가? 하는 생각이 들어서 삶의 변화나 죄로부터 해방시켜 달라고 담대하게 기도할 마음이 들지 않는다. 그렇다면 지금까지 우리가 성령에 대해 들어온 것과는 다르다는 말이 아닌가?

하나님이 우리를 실망하게 할지 모른다는 두려움은 우리로 하여금 "하나님을 방어하는" 입장을 취하게 한다. 그러다 보니 더 많이 간구하고 더 많이 기대하기가 두려워서 결국 적게 구하고, 적게 기대하고, 적은 것에 만족한다는 것이다. 그런가 하면 우리의 모든 필요와 바라는 것 자체인 하나님을 우리가 소유했기 때문에 더 이상은 원하는 것이 없다고 스스로 다짐하기도 한다. 그런데 하나님이 약속을 지키지 않을지 모른다는 두려움 때문에 성령과의 관계마저 소원해진 하나님의 자녀들을 바라보는 일이 하나님께 얼마나 큰 아픔일지 나는 도저히 상상할 수가 없다. 성경에 기록된 하나님의 약속들이 지켜지지 않을 거라는 두려움 때문에 그 약속들을 외면하는 자녀들을 지켜보시면서 하나님은 얼마나 슬퍼하실까! 하나님은 그의 자녀들에게 성령의 능력을 주시길 원하신다. 이는 우리가 하나님을 설득해야 할 일이 아니다. 오히려 하나님은 우리가 그의 능력으로 살아가기를 진정으로 원하고 계신다.

예수님이 세상에 계실 때 제자들에게 다음과 같이 말씀하셨다.

> 너희가 악할지라도 좋은 것을 자식에게 줄 줄 알거든 하물며 너희 하늘 아버지께서 구하는 자에게 성령을 주시지 않겠느냐 하시니라
>
> (눅 11:13)

하나님은 그의 자녀에게 좋은 선물을 주기 원하시는 좋으신 하늘 아버지시다. 가끔 나는 이 진리를 잊어버린 채 하나님께 확인시켜 드려야 하는 것처럼 구걸한다. 이는 마치 내 아이가 내 품에 안기기 위해서는 내게 구걸해야 한다고 생각하는 것과 마찬가지로 웃기는 얘기다. 자녀를 안아 주는 일은 오히려 내게 큰 기쁨이다.

하나님이 간구하는 자에게 성령을 주신다는 사실을 당신은 믿는가? 정말로 믿고 있는가? 이 진리와 그 의미는 믿기 어려울 만큼 엄청난 것이다. 그렇기 때문에 그 사실을 믿는 사람치고 성령을 간구하지 않을 사람은 아무도 없을 것이다.

사도행전에 보면 부활하신 예수님이 승천하신 후, 베드로가 모인 사람들에게 다음과 같이 선포하는 장면이 나온다.

> 베드로가 이르되 너희가 회개하여 각각 예수 그리스도의 이름으로 세례를 받고 죄 사함을 받으라 그리하면 성령의 선물을 받으리니
>
> (행 2:38)

하나님이 구하는 자에게 성령을 주시겠다고 약속하신 사실을 우리는 이미 알고 있다. 이 구절에서 우리는 그리스도를 따르기 시작할 때 성령을 받는다는 것을 알 수 있다.

이 모든 사실은 결국 우리 안에 피할 수 없는 질문을 불러온다. 과연 하나님이 구하는 자에게 성령을 주시는 건가, 아니면 예수님이 이 말씀을 하실 때 거짓말을 하신 건가? 나는 이 질문이 믿음의 문제와 직결된다는 것을 깨달았다. 당신은 하나님이 약속을 지키는 분이라고 믿는가 아니면 그렇지 않은 분이라고 믿는가? 당신의 기도와 행동이 당신의 믿음과 일치하는가?

　하나님은 우리가 구하고 회개하고 세례를 받으면 성령을 주시겠다고 약속하셨다. 그렇기 때문에 이제 문제의 관건은 우리가 하나님을 믿고 그 약속에 따라 행동할 것인가 하는데 달려 있다. 이 책을 읽는 사람 중에 성령께 무엇을 간구했는데도 기대했던 결과를 경험하지 못한 이들이 더러 있을 것이다. 그래서 하나님이 다시금 "약속을 지키지 않으면" 실족할까 두려워서 다시는 구하기를 두려워하는 이들도 있을 수 있다. 믿음으로 구했으나 응답받지 못함으로 인해 많은 사람이 하나님을 의심한다는 얘기를 들었다. 나는 이들이 믿음으로 기도했다는 사실을 의심하지 않는다. 그러나 문제는 그들이 하나님이 약속하신 것을 위해 기도했느냐는 얘기다. 대개 하나님이 "안 된다."라고 응답하신 경우는 약속하지 않은 것을 구한 때이다.

　하나님이 약속하신 것을 믿는 것과 당신이 사실이기를 바라는 것을 위해 기도하는 것 사이에는 엄청난 차이가 있다. 나는 당신이 하나님이 약속하신 것을 담대하게 간구하길 권한다. 다른 사람들이 하는 약속이라든지, 혹은 당신이 "멋진 그리스도인"(이를테면 좋은 직장, 물질적 성공, 훌륭한 배우자, 건강한 자녀, 큰집 등)이 되면 얻을 거라는 등 남들이 하는 얘기에 소망을 두지 말라. 궁극적으로 하나님이 주시는 선물(좋다 하더라도)이 아니라 하나님 자신에게 당신의 믿음을 두어야 한다. 그리고 보면 결국 믿음의 문제인 것이다. 하나님이 거절하시거나 설사 "이 방식은 아니다."라고 말씀하실 때에도 당신은 하나님을 신뢰하면서, 여전히 그는 좋으신 분이며 최선의 것을 주실 분이심을 믿어야 한다.

내가 이렇게까지 하길 원하나?

하나님이 나타나지 않을 것에 대한 두려움을 역으로 생각하면 곧 그분이 나타날 것에 대한 두려움이 된다. 말하자면 하나님이 나타나긴 하셨는데 당신이 가기 싫은 곳으로 가라고 하신다든지 혹은 하기 싫은 일을 시키면 어찌하느냐는 얘기다. 하나님이 그들을 힘들고 원치 않는 곳으로 보낼지 모른다는 두려움은 많은 사람들에게 있어서 하나님이 그들을 외면할지 모른다는 두려움보다 훨씬 더 크다.

  수년 전 한 친구에게 하나님이 원하시는 것이 무엇이든 개의치 않고 진정 하나님의 뜻을 알기 원하느냐고 물었다. 그때 "아니. 아마 내가 알면 기겁하게 될 걸세"라는 그의 대답은 정직했다. 이어서 하는 말인즉슨 하나님이 그에게 원하는 모든 것을 차라리 모르는 편이 낫겠다고 고백했다. 이런 식이라면 결국 그는 "하나님, 그런 일들을 모두 제가 하길 원하시는 줄 정말 몰랐습니다."라고까지 말할 수 있을 것이다. 하나님께 대한 전폭적인 순종에 대해 많은 사람들이 속으로는 어떻게 생각하고 느끼는지를 솔직하게 말해 준 그 친구에게 고마움을 느낀다. 사실 그의 대답은 대부분의 사람들에게 기대할 수 없는 정직한 자백이었기 때문이다.

  만일 내 친구의 경우를 당신에게 적용시킬 수 있다면, 당신은 최소한 성령이 우리 안에 내주하셔서 우리의 삶을 인도하길 원하신다는 것은 믿을 것이다. 그러나 정작 그런 상황이 닥치면 사실 우리들 대부분은 성령의 인도하심을 원치 않는다. 더 구체적으로 말하면 우리는 자신을 제외하고는 어느 누구의 간섭도 받으려 하지 않는다는 것이다. 자신의 통제권을 포기한다는 생각 자체가 두렵지 않은가? 그렇다면 삶의 크고 작은 문제를 당신은 잘 통제하고 있는가? 당신의 생각을 접어두고 성령의 인도하심을 따라야 한다는 생각이 당신을 겁나게 해서 오히려 당신의 생각에 더 집착하게 만드는 것은 아닌가?

성령께서는 어떤 목적을 위해 당신이 원하지 않는 곳에 가라 하시고 또한, 원치 않는 일을 하라고 요구하실 수 있다. 성령이 예수님을 십자가로 인도하셨듯이 당신도 십자가의 길로 인도하시는 것이다. 그런데 이 십자가의 길이란 결코 안전하거나 멋지다거나 편한 곳이 아니다. 성령께서는 창조하신 의도대로 당신을 빚으시기 위해 믿기 어려울 만큼 고통스러운 과정을 통해서 당신의 이기심과 교만과 두려움을 없애 주신다. 이 과정을 설명해주는 적절한 예를 C. S. 루이스(C. S. Lewis)의 저서, 『새벽출정호의 항해』(The Voyage of the Dawn Treader)에서 볼 수 있는데 이 책의 내용은 용이 되어 버린 유스터스라는 한 소년에 관한 이야기이다. 용이 다시 소년으로 변하려면 용의 껍질을 벗고 살이 찢기는 엄청난 고통을 겪어야 한다. 실로 견디기 힘든 이 고통의 과정을 통과한 후에야 용은 완전히 소년으로 변신하게 된다.

우리가 범한 죄는 때로 우리 내면에 꽉 달라붙어 있어서 아프도록 뜯기고 찢기는 과정을 통하지 않고서는 그 죄에서 해방될 수 없다. 성령은 우리를 아프게 하려는 게 아니라 우리로 하여금 그리스도를 닮게 하려는 것이지만 그 과정은 고통스럽다.

그러므로 성령을 사모한다고 말하려면 먼저 당신이 정말 하나님의 뜻에 순종하기 원하는지부터 자문해 보아야 한다. 당신이 참으로 하나님의 뜻을 알고 행하길 원치 않는다면 무엇 때문에 성령의 임재를 간구하겠는가? 그러나 일단 하나님의 뜻을 알기로 결심했다면 그것이 무엇을 의미하는지에 대한 두려움에서 벗어나야 한다. 즉 어떠한 경우에도 내 인생의 주도권을 내려놓아야 할 때가 온다는 말이다.

명예가 문제인가?

내가 사는 남부 캘리포니아 사람들은 미국의 다른 지역에 사는 사람들에 비해 특히 외모에 신경을 많이 쓴다. 당신이 남부 캘리포니아에서 살고 있다거나 방문한 적이 있다면 내가 지금 무슨 말을 하고 있는지 확실히 이해할 수 있을 것이다. 남부 캘리포니아는 일광욕 전용의자며, 성형수술, 유명 디자이너 양품점, 300불짜리 청바지, 네일 샵, 고가의 부동산, 그리고 엄청난 쇼핑과 개조 차량으로 이름난 곳이다. 이 외에도 많지만 여기서 멈추기로 하겠다. 이처럼 남부 캘리포니아 사람들은 유난히 외모에 관심이 많다.

외모에 대한 이런 편견이 특히 남부 캘리포니아에서는 좀 지나칠 정도지만 사실 이는 거의 모든 미국인에게 해당하는 문제다.

우리는 다른 사람이 우리를 어떻게 생각하는지에 신경이 쓰이는 게 사실이다. 텍사스나 오클라호마로 가면 아마도 그들의 관심사는 어느 축구팀 팬이냐 일 것이다. 그런가 하면 콜로라도에서는 남들이 당신을 얼마나 활동적인 사람으로 보느냐가 주 관심사일 것이고 뉴잉글랜드 지역에서는 자녀가 어느 대학에 다니느냐가 큰 관심사일 것이다. 이는 분명 유치한 고정관념이라 하겠지만 중요한 것은 우리 미국인들이 남이 나를 어떻게 생각하느냐에 비정상이라 할 만큼 신경을 많이 쓰고 있다는 사실이다. 그런데 답답한 것은 신자들도 이런 흐름에서 예외일 수 없다는 것이다.

이와 마찬가지로 많은 신자들이 영적인 외모에 지나치게 신경을 쓴다. 심지어는 피상적인 것이나 물질적인 것을 초월한 사람들까지도 "영적인 문제"와 관련해서는 종종 주변의 평판에 적잖은 영향을 받는다. 예를 들어, 당신이 성령에 관한 이 책을 읽고 있는 것을 친구가 본다면 너무 "카리스마적"이라거나 "극단적"이라 생각할까봐 걱정되는가? 당신이 체험한 성령의 역사에 대해 이야기한다면 다른 사람이 어떻게 생각할지 궁금해지는가? 행여 주위 사람들의 구설수에 오를까 봐 성령을 "너무 많이" 받는 것이 두려운가?(결코, 당신이 이상하게 보인다거나 터무니없다는 평판에 시달리는 일은 없을 것이다).

어쩌면 당신이 지금껏 신앙생활을 해 온 배경으로 미루어 볼 때 이 책이 너무 보수적이라는 생각이 들지도 모른다. 혹은 앞에서 언급했던 몇 가지 성서적 구분에 대해 당신 교회에서는 성령의 인도하심을 따르는 사람을 가리켜 "편협한 사람"이라는 딱지를 붙일 수도 있을 것이다.

이 같은 편견에도 당신은 이 모든 것들을 제쳐 놓고 성경의 진리에 기꺼이 반응하겠는가? 나 자신을 향해 거듭되는 질문 하나는 나는 과연 잘못된 것을 믿고 있을 수도 있다는 가능성까지 수용할 수 있을까 하는 것이다. 만약, 나의 성경해석에서 어떤 과오가 드러난다면 과연 내 행동을 바꿀 수 있는 용기가 있을까? 이런 경우, 대개 우리는 곧바로 "물론입니다."라고 반응하고 싶어 한다. 관계나 수용이라는 면을 떠나서 나 자신이 진리를 추구하는 사람이라 믿고 싶기 때문이다. 그러나 일단 실제 상황이 벌어지면 이를 즉시 수용하거나 인정하기보다는 다른 사람들의 시선에 더 민감해지기 마련이다.

나는 일상생활 속에서 성령의 역사나 성령의 임재를 거의 무시하는 매우 보수적인 교회에서 자랐다. 성령이 내게 임할 때 추호도 감정의 동요가 없도록 주의를 들어왔던 터라 성령에 관한 한 "너무 깊이 빠지는" 일이 없어야 한다는 생각을 갖고 있었다. 결국, 나는 감정에 날뛰며 성경 말씀을 무시하는 길 건너 딴 동네 "사람들"처럼 되고 싶지 않았다. 그 동안 나는 주로 나와 비슷한 신앙배경을 가진 사람들을 주로 많이 만났는데 사실 그것은 진리 때문이라기보다는 오히려 두려움 때문이었다. 즉 광신적인 "그들"을 닮을지 모른다는 두려움 때문에 그들을 멀리했었는데 그 결과 나는 성령이 내 삶 속에 들어오는 것을 방해한 죄를 짓게 되었다.

그런데 이와는 반대되는 경우도 있는데 그것은 우리가 종종 "완고하고 무기력한" 보수주의자들의 경고나 견제를 피하려는 사람들을 만나게 된다는 것이다. 이들은 자신이 성령을 방해하는 사람으로 취급되는 것이 너무 두려워서 성경의 가르침은 그렇지 않은데도 자신의 행동을 돌아볼 생각조차 하지 못한다. 혹 당신은 대부분의 보수주의자들이 성령을 두려워한다고 생각하거나 아니면 당신이 "그들"처럼 되는 것을 두려워하는지도 모르겠다.

우리가 어디에 서 있든 중요한 것은 성령에 대한 우리의 이해와 경험이 두려움에 의해서가 아니라 성경의 진리에 근거해야 한다는 것이다.

예수 그리스도의 제자로서 우리는 그분과의 관계에 초점을 맞추어야 한다. 우리의 삶의 기준이 나를 바라보는 타인의 시각에 맞춰질 때 우리는 그들의 노예로 전락하고 만다. 이 세상 방식에 사로잡힌 채 살아간다는 것은 천국 시민으로서의 삶과는 거리가 멀다. 어떤 의미에서 천국은 미래의 상항이지만(스 14:9; 행 1:6~7), 사실은 오늘 이 땅에서의 삶과도 관계가 있는 것이다(마 6:10; 12:28). 따라서 천국 시민으로서 우리는 하나님 나라의 실체를 이 땅에 반영하는 방식으로 살아가야 한다. 그럼에도 우리가 지나치게 외모나 영적인 평판, 고상한 품위, 또는 타인의 인정과 같은 외적인 조건에 신경을 쓴다면 우리는 천국 대사로서가 아니라 이 세상 시민의 한 사람으로 살아갈 뿐이다.

우리의 삶은 한번 지나가 버리면 그만인 것이 아니다. 이는 끝까지 충성하기 위해 끊임없이 싸워가야 할 투쟁이다. 그렇다면 당신의 충성심은 무엇을 위한 것인가? 사람들이 당신을 어떻게 생각하는지에 당신의 모든 관심이 쏠려 있는가? 아니면 성령에 대한 진리를 추구하면서 말씀이 주시는 약속을 붙잡고, 기쁨으로 그와 교제하는 일에 온 맘과 관심을 기울여 충성하겠는가?

선의의 두려움(혹은 최소한의 합당한 염려)

이 제목이 이야기하는 대로 나는 사실 선의의 두려움이 있다고 생각한다. 그렇지만 두려움이란 말이 여기서 내가 말하고자 하는 바를 전달하는 데 가장 적합한 단어는 아닌 것 같다. 어쩌면 각자가 마음속으로 점검해야 할 부분이라고 하는 편이 더 나을지 모르겠다.

지금 나는 성령의 소멸에 대한 이야기를 하는 것이다. 앞에서 언급했듯이 우리는 성령께서 어떻게 생각하시느냐보다는 다른 사람들의 반응에 더 전전긍긍하는 모습을 자주 발견하곤 한다. 즉 친구를 화나게 한다든지, 친구에게 거절당한다든지 혹은 다른 사람과 다르거나 이상하게 보일까 봐 두려워한다는 얘기다. 반면에 우리의 행동이나 생활방식이 살아계신 하나님의 영을 슬프게 하는 것은 아닌지, 전혀 생각조차 하지 않는다. 그렇다고 할 때 이는 어처구니없는 정도가 아니라 본질이 전도된 죄악이다.

데살로니가전서 5장 19절에 기록된 하나님의 말씀을 잘 알고 있을 것이다. "성령을 소멸하지 말며". 이 명령을 거역하게 될까 봐 염려하는가? 성령을 소멸한다는 말을 도대체 어떤 뜻으로 이해하는가? 사실 나는 이 말에 대해 별생각 없이 그냥 여러 해를 보냈다. 특별히 시간을 내서 이 말이 무엇을 의미하는지, 이에 대한 죄책감이 어떤 것인지 깊이 생각해 본 일이 없었다. 보통 사람들처럼 성령을 소멸하는 일이 내게는 없다고 쉽게 단정하고 지나쳐 버렸던 것이다.

그러나 인제 와서 되돌아보니 그동안 나는 성령을 소멸했을 뿐만 아니라, "예언을 멸시하지 말고"(살전 5:20)라는 그다음 말씀까지도 거역했다는 사실을 깨닫게 되었다. 누군가가 "하나님으로부터 말씀을" 받았다고 하면 나는 이유 없이 그를 경멸했었다. 자신의 유익을 위해 "하나님으로부터 말씀을 받았다."라고 떠벌리면서 다른 사람을 이용하려는 자로 치부했었기 때문이다. 그래서 그것을 정당한 멸시라고 느꼈던 것이다. 주로 사이비 종교 지도자들이 이런 말로 많은 추종자들을 유인하며 교세를 확장해 간다. 하나님의 음성을 직접 들었다는 사람에게 당신인들 어찌 관심을 보이지 않을 수 있겠는가?

그래서 이런 것이라면 나는 무조건 거부했다. 예언도 질색이었다. 뒤돌아보니 나의 염려는 정당했지만 내 행동은 그렇지가 않았다. 나의 태도가 "범사에 헤아려 좋은 것을 취하고 악은 어떤 모양이라도 버리라"(살전 5:21~22)라는 성경의 가르침과는 거리가 멀었던 것이다. 따라서 하나님이 사람들을 통해 초자연적으로 말씀하실 수 있다는 가능성을 전면적으로 거부하기보다는 신실한 공동체라는 맥락에서 내가 들은 바를 점검했어야 했다.

예언을 분별하는 방법은 한마디로 예언하는 자가 덕을 세우느냐는 것이다. 예언의 목적은 그리스도의 몸을 격려하고 세우기 위한 것이므로 다른 은사와 마찬가지로 사랑으로 하지 않는다면 그것은 무의미한 것이다(고전 13:2, 8; 14:3, 31). 이는 예언이라면 무조건 거부하던 과거의 내 성향을 교정해 주는 좋은 해결책이 되었다. 이제 다시는 성령의 역사를 방해하는 우를 반복하고 싶지 않다.

반면에, 예언이 통용되던 교회들이 책임 있는 경각심을 가지고 예언이 성경과 일치하는지를 분별함으로써 거짓 선지자와 거짓 예언을 즉시 중단시켰다면 예언에 대한 보수교계의 회의적 시각이 완화될 수 있었을 것이다. 건전한 공동책임 시스템이 마련되고 성경적 통전성을 고수하려는 투철한 사명감이 제자리를 지켰다면 성령을 소멸하는 일이 그리 쉽게 발생하지는 않았을 것이다

또 하나 중요하게 점검해야 할 사항은 이 모든 것이 극단으

로 치닫는지를 살피는 것이다. 이 말은 앞에서 설명한 것과 절대 모순되지 않는다. 여기서 말하고자 하는 바는 성령에 대한 성경적 정통교리의 범주를 벗어나서는 안 된다는 것이다. 즉 성령께서 말씀하셨다면서 엉뚱한 것을 성경에 추가하거나 왜곡된 진리를 따르면서 그것을 삶에 적용할 경우 그 결과는 성령의 소멸로 이어지게 된다.

일부 보수주의자들이 성령의 역사를 도외시함으로 성령을 소멸할 수 있다. 그러나 분명한 것은 성경 말씀이 아닌 것을 하나님 말씀으로 추가하는 것 또한 성령을 소멸하는 행위가 아닐 수 없다. 신실하게 살아가기 위해서는 우리에게 성령의 인도하심이 필요하다. 이와 동시에 믿음의 성장을 위해서는 교회 공동체 안에서 서로를 사랑함으로 서로의 필요를 채워주는 하나 됨의 역사가 나타나야 한다.

성령과 관련해서 당신에게 어떤 두려움이 있는지 곰곰이 생각해 보라. 지금까지 성령에 대한 당신의 태도나 반응이 어땠었는지를 정확히 짚어내려면 생각할 시간이 필요할지 모른다. 두려움을 숨기지 말라. 먼저는 당신 자신에게, 그리고 다음에

는 하나님 앞에서 당신의 두려움을 시인하라. 하나님께 나아올 때 성령을 소멸할지 모른다는 두려움에 앞서 사람을 실망하게 할까 봐 얼마나 두려워했는지를 고백하라. 하나님의 약속을 어떻게 신뢰하지 못했는지 그리고 그 외에도 하나님에 대해 어떻게 느끼는지를 솔직히 고백해 보자.

마지막으로, 당신이 신뢰하는 사람, 그리고 허심탄회하게 이런 대화를 나눌 수 있는 사람과 이야기해 보라. 당신이 쓸데없는 두려움이나 거리낌으로부터 자유하고 또한 통제할 수 없는 방종으로부터 해방되기 위해 지속적인 성령의 역사를 허용하라. 성령께 굴복하고 당신 안에 거하시도록 초청하라. 그리고 그가 무엇을 요구하든 어디로 인도하든 순복하라.

성령에 관한 이 책이 출간되고 나면 분명히 내게 어떤 꼬리표가 붙을 것이라 생각된다. 그런데 아이러니한 것은 내가 나를 어떻게 분류해야 할지 모른다는 사실이다. 그도 그럴 것이 구원은 침례교회에서 받았고, 성경공부는 카리스마 계통에서 했고, 보수적인 신학교에 다니는 동안에는 열정적으로 기도하는 오순절 계통의 교회에서 봉사했고 그 후에는 수양회 강사로 초교파적인 말씀 사역을 해 왔으니 말이다.

  심지어는 지금 우리 교회를 어떻게 분류해야 할지조차 잘 모르겠다. 우리 교회에 대해 내가 아는 것은 성도들이 성령을 분명히 믿는다는 것과 매 순간 성령을 더 많이 경험하기를 사모한다는 사실이다. 성령에 관해 그 이상 우리가 더 알아야 할 것이 있는가? 서로를 향해 "보수"니, "카리스마 계통"이니, 아니면 "진보"니 하는 딱지를 굳이 붙여야 하는가? 그래야 할 특별한 이유라도 있는 것인가? 우리에게 주신 하나님의 약속을 믿으며 모든 두려움을 그분께 맡기고 하나님의 뜻과 성령의 역사에 우리 자신을 온전히 굴복시키는 데 초점을 맞추도록 힘쓰자.

도밍고와 아이린 가르시아 Domingo and Irene Garcia

도밍고는 정비공이고 아이린은 미용사다. 이들은 32명이나 되는 아이들을 돌보는 양부모로 봉사하던 중에 16명의 아이를 입양했다. 당시 오십 대 후반이었던 이들 부부는 현재 11명의 아이와 같이 살고 있다. 그럼에도 그들은 할 수만 있다면 몇 명 더 입양했으면 좋겠다고 했다. 아이들을 키워본 사람이라면 이 일은 오직 성령의 능력이 아니면 불가능하다는 것을 안다. 이런 일을 해내려면 얼마만큼의 사랑과 희락과 화평과 오래 참음과 자비와 양선과 충성과 온유와 절제가 필요할지 한번 상상해 보라.

내가 아는 한 도밍고와 아이린은 야고보서 1장 27절의 고아를 돌보라는 말씀을 어느 누구보다 더 진지하게 순종하는 사람들이다. 그 연배 사람들이라면 대개는 어떻게 하면 가장 편안한 삶을 누릴 수 있을까를 생각할 것이다. 그런데 이들 부부는 미국 내에 부모가 없는 고아가 오십만 명이라는 사실을 머리에서 떨쳐 버릴 수가 없었다. 그들은 이 아이들이 큰 축복이라 생각하고 그들을 돌보면서 겪게 되는 어려움을 마다치 않는다. 이들 부부가 이 일을 감당할 수 있는 비결은 바로 인내였다. 몇 년 전 입양한 아들 하나가 옷장 안에서 목을 매고 자살했을 때 그들을 버틸 수 있게 한 것도 인내였다. 기쁨의 날도 많았지만, 오직 순종함으로 견뎌야 했던 때도 수없이 많았다.

하나님은 계속해서 그들의 필요를 채워주셨다. 한 번은 아이들을 더 입양하기 위해 집을 늘려야 했다. 돈이 없던 아이린은 그저 간절히 기도할 뿐이었다. 하루는 기도하다 문득 위쪽을 쳐다보니 거기 건설회사의 광고 하나가 눈에 들어왔다. 아이린은 순간적으로 "저 사람이 제 기도의 응답입니까?"라고 하나님께 물었다. 며칠 후, 이 부부에 대한 이야기를 들은 그들 교회 지도자 한 분이 무상으로 집을 증축해 주겠노라고 했다. 짐작하겠지만, 이 분이 바로 아이린이 광고에서 보았던 그 건설업자였다.

이 부부가 누렸던 놀라운 복중 하나는 친자녀들이 부모의 삶을 본받아 부모처럼 살아가는 모습을 지켜보는 것이었다. 한 아들은 친자녀가 둘이 있는데 두 아이를 입양했다. 친자녀가 셋인 또 한 아들은 세 아이를 입양했다. 이와 같은 그들의 비범한 삶에 대한 이야기가 CBS 전파를 타게 되자 믿지 않는 사람들까지도 이들 부부가 고아들에게 베푼 놀라운 희생적 사랑에 주목하게 되었다.

도밍고와 아이린이 처음부터 오늘의 그들처럼 멋진 사람이었으리라고 생각하는 사람이 있을 것이다. 이런 분들을 위해 이 부부의 양해를 얻어 그들의 과거에 대한 몇 가지 사실을 함께 나누려 한다. 아이린은 결혼생활 초기에 남편 도밍고를 미워했었다고 공개적으로 말했다. 폭력적인 남편을 미워하다 못해 그가 죽기를 매일같이 기도했다. 그녀는 자기를 너무나 고통스럽게 하는 남편을 절벽 아래로 밀쳐 떨어뜨리는 꿈에 시달리기까지 했다. 그런데 지금은 자기가 아는 사람들 중에서 남편이 가장 경건한 사람이라고 한다.

자신의 삶이나 결혼생활이 절망적이라고 생각하는 사람이 있다면 도밍고와 아이린을 기억하라. 하나님은 가장 비참한 상황에 처한 사람을 택하셔서 성령으로 변화시키기를 기뻐하신다.

3장
성령론 개론

성령은 무슨 일을 하시나? 그 사역의 장엄함은 글로 표현하기도 어렵고 숫자로 이루 헤아릴 수도 없다. 시공을 초월하는 분을 어찌 감히 우리가 상상인들 할 수 있겠는가? 창세 이전에는 뭘 하셨을까? 창조과정에서 드러난 그분의 아름다움은 또 얼마나 놀라운가? 다가올 미래에는 어떤 능력을 펼치실까? 그분은 과거에도 계셨고, 그 이전에도, 창세 전부터도 아버지와 아들과 함께 계신 분이시다. 혹 당신이 세대를 초월해서 그 무엇을 상상할 수 있다 해도 성령은 그 훨씬 전부터 이미 존재했다는 사실을 깨닫게 될 것이다.

_ 성 바실 대주교 St. Basil the Great

본 장에서 왜 내가 굳이 성령론을 거론하는지 궁금해 할지 모르겠다. 인생살이에서 가장 중요한 명제는 당신이 무엇을 하며 어떻게 살 것인가 하는 문제가 아니겠는가? 당신이 무언가를 생각한다는 것은 정말 중요한 일이 아닌가? 이는 당연한 질문이다. 당신이 무엇을 하며 어떻게 사느냐는 굉장히 중요한 문제다. 행동과 결과가 없으면 세상의 모든 신학은 별 의미가 없다. 그럼에도 신학이 여전히 중요한 이유는 당신이 무엇을 믿느냐가 어떻게 행동할지를 결정하기 때문이다. 그러므로 바른 신학이 올바르게 펼쳐질 때 우리는 거룩한 삶으로 인도받을 수 있지만 그릇된 신학은 언제나 우리를 잘못된 방향으로 안내할 것이다. 성령을 연구할 때, 그릇된 신학은 우리를 잘못된 삶으로, 심지어는 성령을 거스르는 불행한 삶으로 인도할 수 있다. 때문에 이 장에서 우리는 성령은 누구시며 무엇을 하시는지에 대해 성경에서 몇몇 기본적 가르침을 찾아 살펴봄으로써 성령에 대한 우리의 이해를 견고히 하고자 한다.

나는 대학원에서 공부하는 동안 지적인 면에서는 나와 비교가 안 되는 탁월한 석학들을 많이 만났는데 이들 대부분은 신학의 특정 분야에서 다년간 연구를 해 오신 분들이었다. 다양한 주제에 관해 반론을 제기하는 그들의 많은 논문을 자주 접하다 보니 이제까지 내가 믿었던 것이 과연 옳은지에 대해 의심하지 않을 수 없었다. 앞서 탁월한 석학들이라 말했듯이 이들의 찬반양론의 주장은 확고했으며 논리 정연했다. 그런데 내가 이 논제들 중 어느 한 가지를 연구했었더라면 다분히 한쪽으로 쏠릴 경향이 있었겠지만 그렇더라도 그 연구결과에 대해 내가 추호의 의심도 하지 않았으리라고는 말할 수 없었을 것이다. 한 번은 어느 교수님이 "51%를 확신한다면 100% 확신한 것처럼 설교하라"라고 하셨는데 나로서는 그 말을 도저히 용납할 수가 없었다. 그것이 기만이 아니고 무엇이란 말인가? 90%를 확신한다면 확신한 그대로만 말하면 될 일이지, 그리 못할 이유라도 있다는 말인가?

사실 오늘에 대두되고 있는 일부의 신학적 논쟁이나 담론들은 극히 지엽적인 것들이어서 신실한 삶을 위해 반드시 해결돼야 할 문제는 아니다. 그러나 아직도 신학의 많은 문제들이 그렇지 않은 경우가 허다하다. 신학적 논제들 중에는 더러 우리 신앙에 절대적이라 할 수 있는 중요한 것들이 있다. 이런 것들은 우리의 믿는 바가 우리의 행동을 결정하게 만드는 기준이 된다.

성령론에 관한 한 나는 추상적이거나 모호한 입장에 서고 싶지 않다. 믿음과 행동의 틀을 형성해 주는 신학적 견해에 초점을 맞추고 싶다.

⁂

나는 본 장에 대해 생각하면서 성령에 대해 설명하겠다고 말하는 것이 얼마나 어처구니없는 일인지를 깨닫게 되었다. 성경은 인간이 하나님을 완전히 이해할 수 없다고 말한다. 나라고 여기서 예외일 수는 없다. 하나님에게는 신비스럽고 은밀한 것, 그리고 우리가 도저히 이해할 수 없는 것들이 있다.

그러나 그중에는 이미 우리에게 드러난 것도 있고 우리에게 속한 것도 있다(신 29:29).

그러므로 본 장에서 내가 다루고자 하는 것은 성령에 관해 이미 계시된 내용들이다. 그래서 먼저 성령이 우리 삶 가운데서 또는 세상에서 하는 일이 무엇이며 또 어떤 분이신지를 설명하려고 한다. 그러나 성령에 대해 철저히 연구하려는 것이 아니라는 점을 유념하기 바란다. 또한, 성경에 나오는 성령과 관련된 구절을 모두 다 다루려는 것도 아니다. 그렇게 한다 하더라도 우리 유한한 인간으로서는 무한하신 성령을 완전히 알 수 없다.

설령 당신이 성령을 더 많이 이해하려고 애쓴다 하더라도 속속들이 파악하기에는 성령이 너무 크고 심오한 분이심을 인정하기 바란다. 그렇다고 우리가 성령에 대해 아예 알 생각조차 하지 말아야 한다는 의미는 물론 아니다. 그러니 당신이 배울 수 있는 부분까지 제한하지는 말라. 중요한 것은 하나님은 이해의 대상이 아니라 경배의 대상이라는 점이다. 하나님을 완전히 이해할 수 없다는 사실이 도리어 당신으로 하여금 그분의 무한하심과 위대하심을 찬양하는 계기가 되길 바란다.

성령에 대한 설명을 시작하면서 먼저 우리가 거룩한 기초 위에 서 있음을 잊지 말자. 성령은 생명을 창조하셨고 또 생명을 유지시킨다. 욥기에 보면 "하나님의 영이 나를 지으셨고 전능자의 기운이 나를 살리시느니라"(욥 33:3)라는 말씀이 있다. 내가 이 책을 쓸 수 있는 것은 오직 성령이 허락하셨기 때문이다. 당신이 이 책을 읽을 수 있음도 오직 그가 힘주시고 이끌어 주시기에 가능한 일이다.

성부, 성자, 성령, 이 삼위일체를 설명하기 위해 달걀의 세 가지 구성 요소인 계란 껍데기, 흰자위, 노른자위를 예로 드는 것을 들어 본 일이 있다. 또 하나님을 세 잎 클로버처럼, 하나의 클로버 줄기에 붙어 있는 세 개의 "이파리"로 설명하는 사람들도 보았다. 또 다른 일반적인 비유로는 물($H2O$)의 세 가지 형태(물, 얼음, 수증기)에 견주어 설명하기도 한다.

설명할 수 없는 삼위일체의 신비를 이해시키기 위해 이것들이 그럴듯한 비유로 사용되지만, 분명히 하나님은 계란이나, 세 잎 클로버나, 물의 세 가지 형태와 같지 않다. 하나님은 어느 무엇과도 같지 않다. 그분은 인간의 머리로 이해할 수 없는 분이시다. 무엇과도 비교할 수 없는 분이며, 다른 어떤 존재와도 같지 않은 유일한 분이시다. 그분은 인간의 존재영역을 초월한 분이기에 우리의 능력으로 그분의 범주를 규명하는 것은 불가능한 일이다. 그러므로 이런 비유나 유추가 하나님의 어떤 면을 이해하는데 도움을 줄 수 있을지는 몰라도 우리가 어떤 방식으로 그분의 본성을 요약할 수 있다는 생각은 턱없는 발상이다.

전통적으로 성탄절의 성경 구절로 알려진 이사야서의 말씀을 나는 좋아한다.

> 이는 한 아기가 우리에게 났고 한 아들을 우리에게 주신 바 되었는데 그의 어깨에는 정사를 메었고 그의 이름은 기묘자라, 모사라, 전능하신 하나님이라, 영존하시는 아버지라, 평강의 왕이라 할 것임이라 (사 9:6)

자주 인용되는 이 구절에서 우리는 성자를 "기묘자"와 "아버지"로 지칭하고 있음을 볼 수 있다. 이 구절(다른 많은 구절과 함께)은 우리로 하여금 하나님의 신비를 지나치게 단순화하는 잘못을 범치 않게 해 준다. 삼위일체 하나님은 세 가지 요점으로 간단히 설명할 수 있는 분이 아니다. 그럼에도 삼위 하나님은 아름답게 협력하면서 일하신다. 성부, 성자, 성령은 한 하나님이시다.

성령의 기본진리에 대한 연구를 시작하면서 우리는 창세기로 거슬러 올라가 그때도 성령이 창조 역사에 동참하셨고 그 후 구약 성서 전반에 걸쳐 역사하셨음을 면면히 살펴볼 수 있다. 그러나 여기서는 성령이 임하시고 제자들과 함께 거하기 시작한 사도행전에서부터 출발하려고 한다. 2장 1절과 2절에서 우리는 "그들이 다 같이 한곳에 모였더니"라는 말씀과 홀연히 하늘로부터 "급하고 강한 바람 같은" 소리가 있었다는 말씀을 접하게 된다. 이어서 성경은 "그들이 앉은 온 집에 가득하며"라고 기록하고 있다.

이 장면을 한 번 상상해 보자. 그들은 지난 3년 동안 예수를 따라다니면서 그들의 인생을 걸었다. 그리고 방금 예수 그리스도께서 하늘로 승천하시는 그 장면을 목격한 것이다. 이제는 친가족만큼이나 가까워진 사람들과 함께 그들은 예루살렘의 어느 한 집에 모여 기다리고 있었다. 예수님이 말씀하신 그 무엇인가가 오리라는 것을 그들은 알고 있었다. 사실 기다리라고 말씀하셨지만 기다리는 것이 무엇인지, 혹은 누구인지 그들은 모른다. 전혀 감을 잡을 수 없는 가운데 며칠을 더 기다려야 할지 몰라 그들은 지쳐가고 있었는지 모른다.

갑자기 한 음성이 집안을 가득 채우더니 곧 불의 혀 같은 것이 나타나서 거기 있는 사람들 위에 임했다. 그리고는 일이 벌어진다. 그래서 4절은 "그들이 다 성령의 충만함을 받고"라고 기록하고 있다.

그곳에 모인 이들은 한때 무슨 일이 있어도 예수님을 따르겠다고 호언장담했던 바로 그 제자들이었다. 그러나 그들은 예수님이 체포되자마자 줄행랑을 쳤다. 그랬던 그들이기에 함께 모이긴 했어도 승천하신 주님을 어떻게 대해야 할지는 혼란스러웠을 것이다. 그럼에도 성령이 임하셔서 그들과 함께 거하시자 획기적인 변화가 일어났다. 제자들 중 아무도 전과 같은 사람이 없게 된 것이다. 사도행전은 이 사건의 증언서다. 우리는 여기서 초대교회 첫 순교자인 스데반의 이야기를 읽고 변화됨으로써 담대해진 베드로를 만나게 된다. 그런가 하면 그리스도의 추종자들을 잡아 죽이러 가던 사울이 변화를 받아 예수님의 추종자가 됐을 뿐 아니라 어떻게 그 일이 가능했는지를 많은 사람들에게 증거하는 바울도 만나게 된다. 이제 그들은 더 이상 비겁하거나 의심하는 자들이 아니었다. 성령의 능력으로 말미암아 그들은 담대해졌고, 성령의 감동을 받아 예수 그리스도의 복음을 전파하며 말씀대로 살기 시작했다. 이 사건이 제자들의 삶에 있어서 얼마나 놀라운 순간이었을지 생각해 보라.

거기 많은 무리가 모인 가운데 베드로가 능력 있는 말씀을 선포했다. 베드로의 말씀에 마음이 찔린 사람들은 이제부터 어찌해야 하는지를 물었다. 그들을 향해 베드로는 "너희가 회개하여 각각 예수 그리스도의 이름으로 세례를 받고 죄 사함을 받으라 그리하면 성령의 선물을 받으리니 이 약속은 너희와 너희 자녀와 모든 먼 데 사람 곧 주 우리 하나님이 얼마든지 부르시는 자들에게 하신 것이라"라고 했다(행 2:38~39). 그날 3,000여 명이 하나님 나라 백성이 되었고 성령을 선물로 받았다고 본문은 기록하고 있다.

※ ※ ※ ※

개인의 삶에 성령이 언제 임했는지 그 시기에 대해 논쟁 할 필요가 없다는 것이 내 지론이다. 내가 성령을 받은 것이 어렸을 때 누군가에게 처음 기도한다고 말하며 믿었을 때였나? 어느 복음전도자가 지옥에 대해 이야기하는 것을 듣고 너무 무서워서 손을 들었던 중학생 때였나? 아니면 세례 받았을 때였던가? 예수님과의 인격적인 관계를 맺게 된 고등학생 때였던가? 대학생 때 열정적인 성경공부 모임에서 성령 받기 위해 앞으로 나갔을 때였나? 아니면 나중에 예수님께 내 삶을 온전히 드리기로 결심했을 때였던가?

우리는 이런 비본질적 질문에 매달리다가 정작 중요한 베드로의 설교의 핵심을 놓치고 만다. 이 본문으로 우리 교회에서 설교한 적이 있었는데, 그날 7살짜리 나의 딸 머씨가 이 말씀을 알아들은 모양이었다. 예배가 끝난 후, 어린 딸이 내게 다가와 "아빠! 저요, 죄를 회개하고 세례 받고 싶어요. 또 성령도 선물 받고 싶어요."라고 말하는 것이었다. 딸애의 단순하고 귀한 믿음이 어찌나 사랑스럽던지! 그 아이에게 성령이 딱히 언제 또 어떻게 임했는지 조목조목 따질 필요가 없다. 그 아이의 눈높이에서 말씀에 순종하고 싶었던 것이다. 나는 머씨에게 우리 대부분이 아는 정도의 성경지식이 없다는 사실을 알지만, 우리 중 몇이나 그 아이만큼 믿음을 가졌을지 궁금했다.

말씀에 대한 당신의 반응이 이런 모습인가? 회개하고 세례 받고 성령을 받아야 한다는 사실을 분명히 이해하는가? 그렇다면 실천했는가? 아니라면 오늘 그렇게 하지 못하는 이유라도 있는가?

왜 우리는 때로 온갖 가상적 상황을 만들어 놓고 모든 신학적 질문에 일일이 답하기 위해 이런 끝없는 논쟁을 벌이는가? 언제쯤이나 우리가 들은바 진리의 말씀 앞에 먼저 응답하고 나서 의문들을 해결해 갈 수 있을까?

이제 우리는 최초의 제자들에게 성령이 어떻게 임했는지 그 전후 상황과 이에 대한 우리의 반응이 어떠해야 하는지 알았다. 그러므로 지금부터는 성령이 누구시며 우리의 삶과 관련하여 무슨 일을 하시는지, 몇 가지 실제적인 진리를 살펴보기로 하겠다.

첫째, 성령은 인격체시다. 그는 모호한 어떤 "힘"이나 "물건"이 아니다. 사람들이 종종 성령을 마치 우리가 조종할 수 있거나 임의로 사용할 수 있는 어떤 물건이나 힘인 것처럼 "그것"이라 부르는 소리를 듣는데 이것이 미묘하거나 사소한 것으로 보일지 모르지만 실은 성령과 그의 역할에 대한 치명적인 착각이다. 우리는 요한복음 14장 17절에서 성령이 "너희와 함께 거하심이요 또 너희 속에 계시겠음이라"라는 말씀을 보게 되는데 이는 성령과의 관계를 보여 주는 말씀이다. 따라서 성령을 우리 자신의 목적을 위한 도구나 힘으로 생각해서는 안 된다. 앞에서 본 바와 같이 성령은 한 인격체로서 믿는 자들뿐 아니라 아버지와 아들과도 인격적인 관계를 갖고 계신 분이시다. 성령이 성부와 성자와 더불어 일하시는 것을 우리는 성경 여러 곳에서 보지 않았는가?(마 28:19; 고후 13:13)

둘째, 성령은 하나님이시다. 그는 성부 하나님이나 성자 하나님에 비해 부족하다거나 그들과 다른 존재가 아니다. 성령은 하나님이시다. 영과 하나님이란 말은 신약 성경에서 대체해서 사용된다. 사도행전에 보면 베드로가 아나니아를 책망하는 장면이 나온다. "아나니아야 어찌하여 사탄이 네 마음에 가득하여 네가 성령을 속이고 땅값 얼마를 감추었느냐 땅이 그대로 있을 때에는 네 땅이 아니며 판 후에도 네 마음대로 할 수가 없더냐 어찌하여 이 일을 네 마음에 두었느냐 사람에게 거짓말한 것이 아니요 하나님께로다"

셋째, 성령은 영원하고 거룩한 분이시다. 요한복음에서 우리는 예수님이 제자들에게 하신 약속을 찾아볼 수 있는데 이는 성령께서 제자들과 영원히 함께하실 것이라는 약속이다(요 14:16). 또한, 히브리서에는 예수님이 "흠 없는 자기를 하나님께 드린" 것이 "영원하신 성령으로 말미암아" 된 것이라고 기록되어 있다. 성령은 한번 바람처럼 불어왔다가 그냥 가버리는 변덕스럽고 엉뚱한 영이 아니다. 그는 영원한 존재시다. 또한, 성령은 거룩한 분이시다. 그러므로 흔히 그를 "거룩한 영"이라고 부르는데 이는 신약성서 전체를 통해서 확인되는 사실이다(예: 롬 1:4, 5:5). 다음의 놀라운 사실을 묵상해 보라. 거룩한 영이 우리 안에 거하기 때문에 하나님의 관점에서 우리 몸은 성전(聖殿)인 것이다. 그런데 우리는 너무도 자주 우리 몸을 죄와 타락의 근원인양 대수롭지 않게 여긴다. 그러나 우리 몸은 성령 하나님이 거하기로 작정하신 바로 그 장소다.

넷째, 성령은 자신의 마음을 갖고 계시고 우리를 위해 기도하시는 분이시다. 로마서는 "마음을 살피시는 이가 성령의 생각을 아시나니 이는 성령이 하나님의 뜻대로 성도를 위하여 간구하심이니라"(롬 8:27)라고 말한다. 당신에 대해서는 내가 잘 모르지만, 하나님의 기쁘신 뜻을 따라 나를 위해 간구하시는 성령의 생각을 나는 알 수 있다.

살아가다 보면 나를 위해서 또는 다른 사람을 위해 무엇을 간구해야 할지 막막할 때가 수없이 많다. 그러다 보면 어떤 때는 엉뚱한 것을 위해 기도하기도 한다.

한 례로 얼마 전 친구들과 골프를 치러 갔던 일이 생각난다. 그날 나는 70대 타수를(평상시는 90타) 기록하리라 마음먹고는 얼떨결에 최상의 점수를 내게 해달라고 기도했다. 그런데 그날, 지금까지 친 것 중에서 최악의 기록인 115타가 나온 것을 보면 성령 역시도 기도한 것으로 짐작된다. 왜냐하면, 성령께서는 내 자존심을 세워주기보다는 내 혈기를 다스리고 겸손을 훈련하게하는 것을 더 중요하게 생각하셨기 때문이다.

어떤 상황이 주어졌을 때, 딱히 어떻게 기도해야 할지 또 무엇을 간구해야 할지 모를 경우가 있다. 그러나 우리의 마음과 하나님의 뜻을 아시는 성령께서는 항상 우리를 대신해서 중보한다는 사실을 확신할 수 있다.

다섯째, 성령은 감정을 소유한 분이시다. 오랫동안 나는 성령을 근심하게 하지 말라(사 63:10, 엡 4:30)는 말씀을 읽을 때마다 이 말이 약간은 과장됐다고 생각했었다. 내가 하나님을 근심하게 할 수 있다고 말하는 것이 마치 신을 모독하는 것 같았기 때문이다. 내가 뭔데 감히 성령을 근심하게 하는 힘이 있다는 말인가? 이는 옳은 것 같지 않았다. 더욱이 하나님이 감정을 소유한 분이라고 말하는 것 자체가 잘못돼 보였다. 왠지 이는 하나님을 비하하는 것이라고 느꼈다.

이런 생각 때문에 한동안 고심하던 나는 마침내 이런 발상이 어디서 기인했는지를 깨닫게 되었다. 서구문화권에서는 느낌이나 감정을 가진다는 말이 그 사람의 연약함과 동일시된다. 그러나 이는 우리 내면에 깊이 각인된 거짓말이다.

하나님은 감정을 창조하신 분이시다. 다른 것과 마찬가지로 물론 감정도 오용되거나 남용될 수 있다. 그런데 감정의 의도와 목적은 하나님께로부터 온 것이다. 감정을 창조하신 하나님 자신이 감정을 가졌다는 사실을 믿는 게 왜 어려운 일인가? 성령은 하나님과 나와의 관계든 또는 다른 사람과의 관계든 간에 그 관계가 단절됐을 때 슬퍼하신다. 우리가 하나 되지 못하고 사랑하지 못하며 미워하고 시기하고 험담할 때 하나님은 슬퍼하신다. 하나님은 감정을 창조하신 분이기에 우리가 상상할 수 있는 것보다 훨씬 더 슬퍼하신다고 나는 믿는다.

이 말이 당신에겐 어떻게 들리는가? 거북한가? 당신의 죄 때문에 성령이 아파하신다는 사실을 깨닫고 정말 슬퍼했던 일이 최근 언제였나?

얼마 전 우리 교회의 두 여성도가 서로에 대한 분노의 감정을 갖고 있었다. 그들을 내 사무실로 불러 갈등의 원인이 무엇인지 물었다. 그런데 누가 "더 잘못했는지"를 가리는데 나 스스로가 역부족이라고 느껴졌다. 그들이 격한 감정을 털어놓는 동안 나는 그저 눈물만 흘리고 있었다. 그리고 하늘 아버지께서 이 상황을 얼마나 싫어하실지 생각하니 마음이 너무 아프다는 말을 했다. 눈물을 보이는 것이 내게는 흔치 않은 일이지만, 때로 코너스톤 교회 성도들이 고집을 부리거나 서로 용서하지 못하고 성령을 슬프게 할 때 나는 참으로 힘들었다.

우리가 성령의 슬픔에 조금이라도 관심을 가진다면 교회 안에서의 다툼이나 부부의 이혼, 분열 등의 문제가 그리 많이 발생하지 않을 것이다. 아마 이런 일은 믿음의 부족 때문이 아니라 오히려 관심의 부족 탓일 것이다. 나는 그리스도인들이 자신의 슬픔보다 성령의 슬픔에 더 민감해지는 날이 속히 오기를 기도한다. 사실 나의 바람과 기도는 혹시라도 이 책을 읽는 당신으로 인해 성령이 근심하는 일이 있다면 통회하게 해 달라는 것이다. 만일 사실이 그렇다면 일단 책을 접고 진심으로 회개하고 다른 믿는 이들과의 갈등을 해결하기 위해 애써야 한다.

할 수 있거든 너희로서는 모든 사람과 더불어 화목하라 (롬 12:18).

여섯째, 성령은 소망과 의지를 지닌 분이시다. 고린도전서에 보면 성령의 은사들에 대해 "같은 한 성령이 행하사 그의 뜻대로 각 사람에게 나누어 주시는 것이니라"라고 쓰여 있다. 이 구절은 통제하는 분이 누구인지를 상기시켜 주는 중요한 말씀이다. 우리가 받을 선물을 우리가 택하는 것이 아니듯이 우리 개인이나 교회를 위해 하나님이 계획하시는 일 역시 우리가 결정하는 것이 아니다. 성령은 우리 각 사람의 삶을 위한 계획을 가지고 있다. 그는 지역교회 공동체뿐 아니라 세계교회 공동체를 위해서도 같은 계획을 갖고 계신다.

혹 당신이 나와 비슷한 성향의 소유자라면, 아마 자신의 삶을 위해 계획을 세우고 또 당신의 교회를 위해, 심지어는 더 큰 교회공동체를 위해 계획을 세울 것이다. 그러므로 "내 뜻대로 마옵시고 당신의 뜻대로 되기를" 기도했던 예수님처럼 그렇게 할 수 있기 위해 우리 모두는 결사적으로 기도해야 할 것이다.

일곱째, 성령은 무소부재하시며, 전지전능하신 분이시다. 이는 신학적인 용어들로써 성령은 본질적으로 모든 것을 할 수 있으며(예를 들면: 스 4:6), 어디든지 계시며(시 139:7~8), 모든 것을 아신다(고전 2:10하)는 뜻이다. 무소부재와 전지전능이란 말은 성령의 속성으로써 우리 인간으로서는 결코 온전히 이해할 수 없을 것이다. 이사야는 "누가 여호와의 영을 지도하였으며 그의 모사가 되어 그를 가르쳤으랴"라고 했는데(사 40:13) 성령의 이런 속성들을 우리는 도저히 완벽하게 설명할 수도 완전히 이해할 수도 없다. 하지만 성령의 이와 같은 속성들이 우리의 부족한 이해와 불완전한 언어를 통해 그분을 찬양할 수 있도록 이끌어 주시기를 간구한다.

만약 성령이 당신 안에 거하신다면 당신의 삶의 일부가 돼야 할 것이 몇 가지 있다. 이제 이것들을 살펴보고자 하는데 식품점의 품목을 한번 훑어보듯 대충 넘어가지 말기 바란다. 행여 이 목록을 소홀히 했다가는 이 책에서 가장 중요한 부분을 놓치게 될 것이다. 나는 이 약속들을 액면 그대로 깊이 묵상하고 간구함으로써 너무도 많은 유익과 축복을 받았다. 시간을 내서 이 약속 하나하나에 몰입해 보라. 당신의 삶 속에 어떻게 이 모든 약속이 이루어졌는지 음미해 보라. 그게 아니라면 그 구체적인 것을 놓고 하나님께 간구하는 시간을 갖도록 해보라.

- 성령은 우리가 위급한 상황에서 증언해야 할 때 마땅히 할 말을 하도록 도와주신다(막 13:11; 눅 12:12).

- 보혜사 성령은 우리가 알아야 할 것과 기억해야 할 것을 깨닫게 해 주시고 생각나게 하신다(시 143:10; 요 14-16; 행 9:31; 13:2; 15:28; 고전 2:9-10; 요일 5:6-8).

- 성령은 우리에게 세상 끝날까지 하나님의 증인이 되는 권세를 주셨다. 사람을 구원으로 안내하는 분이 성령이며 하나님의 목적을 성취할 수 있도록 우리를 능력으로 무장시키는 분도 성령이시다. 성령은 불신자를 하나님께 인도하는 일을 시작할 뿐 아니라 또한 믿는 자를 예수님께 더 가까이 가도록 이끄신다(행 1:8; 롬 8:26; 엡 3:16-19).

- 성령의 능력으로 말미암아 우리는 육신의 죄악을 멸할 수 있다. 성령은 우리 힘으로 해결할 수 없는 죄로부터 우리를 해방시키신다. 이는 우리가 처음 예수를 믿을 때부터 세상 끝날까지 성령과 협력하며 싸워 나아가야 할 평생의 과제다(롬 8:2).

- 성령으로 말미암아 우리는 양자의 영을 받았으며, 이로써 우리는 더 이상 무서워하는 종의 관계에서가 아니라 친밀한 하나님 아버지와 아들의 관계 속에서 그의 인도하심을 받는다. 성령은 친히 우리가 하나님의 자녀임을 증거 하신다(롬 8:15-16).

- 성령은 죄를 깨닫게 한다. 성령은 우리가 처음 하나님과 바른 관계를 맺기 전에도 그렇게 하셨고 또 믿는 자로서 이 세상을 마칠 때까지 우리로 하여금 죄를 깨닫게 하는 일을 지속하신다(요 16:7-11; 살전 1:5).

- 성령은 우리에게 생명과 자유를 주신다. 성령이 있는 곳에는 속박이나 종노릇이 아닌 자유함이 있다. 이는 죽음의 공포 속을 살아가는 세상에서 참 소망을 주는 심오한 진리다(롬 8:10-11; 고후 3:17).

- 성령으로 말미암아 우리 안에 소망이 넘친다. 왜냐하면, 우리 하나님은 자녀들에게 모든 기쁨과 평강을 주시는 소망의 하나님이시기 때문이다(롬 15:13).

- 하나님 나라 공동체의 지체가 된 우리 모두의 유익을 위해 성령께서는 각자의 삶 속에 나타나신다. 우리 각자에게는 성령이 주신바 나누어야 할 것이 있다(고전 12:7).

- 성령의 인도함을 받는 삶에서 나타나는 열매는 사랑과 희락과 화평과 오래 참음과 자비와 양선과 충성과 온유와 절제의 맛을 낸다. 이 같은 성령의 열매가 삶에서 나타날 때 우리의 삶은 믿지 않는 자들의 삶과 구별될 것이다(고후 3:18; 갈 5:22 - 23).

이 책의 독자인 당신을 향한 나의 바람은 성령에 대한 이와 같은 진리를 깨달음으로 말미암아 성령과 더 깊은 관계를 누리게 되는 것이다. 이로써 그분을 더욱 경외하게 됨은 물론 더 나아가 성령에 대한 올바른 신학을 통해 선한 행실과 순수한 사랑과 참된 예배로 나아가게 되는 것이다.

위에 제시된 말씀과 구절들을 읽으면서 혹 당신은 왜 이런 말씀이 당신의 삶 속에 체질화되지 못할까 의아해할지 모르겠다. 그러나 실망하지 말라. 육에 속한 당신의 행실을 끊고 하나님의 자녀들을 더욱 사랑하며 그들을 도와주고 축복할 수 있게 해 달라고 하나님께 간구하라. 이런 일들이 우리 힘으로는 도저히 불가능하다. 성령만이 우리의 삶을 통해 할 수 있는 일임을 기억하라. 성령께 간구하라고 하나님은 우리에게 말씀하신다. 그것은 하나님께서 성경을 통해 우리에게 약속해 주신 것을 구하는 것이기 때문에 우리는 담대하게 간구해야 한다. 아무쪼록 우리와 성령과의 관계는 더욱더 깊어지고, 반면에 그분을 비하하거나 도외시하는 일이 이제는 점점 사라지기를 기도한다.

프랜시스 쉐퍼
Francis Schaeffer

프랜시스 쉐퍼는 1912년에 출생하여 1984까지 살았던 미국인이다. 그는 일생을 통해 기독교 사상과 문화에 막대한 영향을 끼쳤다. 심지어 어떤 이들은 21세기 들어 C. S. 루이스를 제외하면 대중적인 기독교 사상을 형성하는데 프랜시스 쉐퍼 이상으로 큰 역할을 한 사람은 아무도 없다고 말하기까지 했다.

한 때 불가지론자였던 쉐퍼는 결국 장로교 목사가 되었고 또한, 신학자가 되었다. 또한 그가 기독교와 성경이 학자들 사이에서 왕왕 제기되는 거창한 질문들에 해답을 제시해 준 것에 비하면 신학자와 철학자들 간의 대화는 거의 이루어지지 않았다는 사실을 깨달았다. 그리하여 그는 이 두 부류 사이에 대화가 이루어질 수 있는 길을 모색하기 시작했다.

제2차 세계대전이 종료되자 프랜시스는 아내 에디스와 함께 스위스로 갔다. 거기서 그들은 하나님의 인도하심을 따라 일단 그들의 가정을 개방하기로 했다. 그리하여 마음에 고민거리나 의문이 있는 사람들이 찾아와 부담 없이 머물면서 묵상할 수 있는 장소를 제공하게 된 것이다. 경제적으로나 실제적인 면에서 어떻게 전적으로 하나님만 의지했는지 그들의 경험담을 들으면 참으로 놀라지 않을 수 없다. 필요한 것이 있을 때면 그들은 오직 간절히 기도할 뿐이었다. 어떤 때는 하나님께서 필요를 채워주실 때까지 밤을 새워가며 부부가 교대로 기도했다.

쉐퍼 부부는 기독교 신앙이야말로 인생의 모든 문제에 대한 해답이라고 믿었다. 때문에 그들은 방문객들의 진솔한 질문에 언제나 진지하게 귀 기울였다. 쉐퍼 부부는 그들 자신이 마음을 다해 하나님을 열망하는 만큼 공동체 안에서도 매일의 삶 속에 믿음을 실천하려고 부단히 애썼다. 특별한 방법으로 그들을 인도하신 하나님의 손길은 그들로 하여금 후에 '라브리'라 불리는 공동체를 설립하게 하셨다. 라브리는 프랑스어로 "피난처"라는 말이다. 이 명칭은 하나님이나 인생의 의미에 대해 질문을 가진 많은 사람들이 그 해답을 찾기 위해 안전한 곳을 찾아 모여왔기 때문에 이에 걸맞도록 쉐퍼 부부가 붙인 이름이다. 지금도 이 공동체는 처음 시작했던 스위스의 바로 그 자리에서 활발하게 설립목적을 구현해 가고 있으며 세계 여러 곳에도 라브리 센터가 세워졌다.

이곳을 찾는 수천 명의 방문객들은 각기 다양한 배경과 다른 종교를 가진 학생과 여행자들(그들 중에는 하룻밤 아니면 한 달 혹은 몇 년을 머무는 이들도 있다)이다. 이들과 대화하는 중에도 프랜시스는 언제나 인간은 성경을 통해서만 하나님과 자신들에 대한 "참된 진리"를 알 수 있다고 강조했다. 그는 라브리를 방문하는 사람들에게 일일이 관심을 가지면서도 많은 저술 활동을 계속했고 세계 여러 나라 여러 대학에서 강의를 했다.

그는 진정으로 마음과 뜻을 다해 하나님을 사랑했으며 이로 인해 많은 사람들이 감명을 받았다. 지금도 그의 영향력은 지속되고 있다. 이것이 바로 성령에 붙들림 받은 한 사람이 성령의 방식대로 자신의 삶을 이끌어 가도록 온전히 내어 드릴 때 일어나는 일이다.

4장
왜 성령을 사모하는가?

그리스도인의 삶은, 지적인 것이나 윤리적인 것, 경건 훈련이나 인간관계, 또는 예배나 해외선교 등 모든 것이 다 초자연적인 것이며 오직 성령만이 그 일을 시작하고 또 지속시킬 수 있다. 그러므로 성령을 떠나서는 활기찬 신자나 역동적인 회중은커녕 신자나 회중 자체가 존재하지 못할 것이다.

_ J. I. 패커 Packer

내가 추측하기로 당신은 무척이나 성령의 초자연적인 능력을 갈망하는 사람이리라고 생각된다. 그렇지 않았다면 아마 이 책을 읽지도 않았을 것이다. 그렇다면 그 이유가 무엇인지 묻고 싶다.

최근에 암 투병 중인 한 남자가 우리 교회 장로들을 찾아와서 자기에게 기름을 바르고 병 낫기를 위해 기도해 달라고 했다. 그래서 나는 기도하기에 앞서 평소 같으면 환자에게 잘 하지 않는 질문을 했다. "왜 병 낫기를 원하시는지요? 왜 이 땅에 더 머물고 싶으신가요?"라고 물었다. 나의 이런 단도직입적인 질문에 그 환자는 물론 거기 있던 모든 사람이 놀라는 것 같았다.

그런데 내가 굳이 이런 질문을 한데는 이유가 있다. 우리가 기도에 응답받지 못하는 이유는 잘못 구하기 때문이라는 야고보서의 말씀 때문이다.

> 구하여도 받지 못함은 정욕으로 쓰려고 잘못 구하기 때문이라
> (약 4:3)

우리가 사는 목적은 무엇보다도 우리를 이 땅에 보내신 하나님의 영광을 위함이어야 한다.

그러니 당신의 삶 가운데 성령의 역사를 원하는 진짜 이유가 무엇인지를 묻지 않을 수 없다. 오로지 당신의 개인적인 유익을 위해서 성령 체험을 더욱 사모하는가? 그 답변이 '그렇다.'라면 사도들에게서 성령의 능력을 돈으로 사려 했던 마술사 시몬과 우리가 전혀 다를 것이 없다. 그때 시몬을 향한 베드로의 반응이 매우 단호했음을 다음 구절에서 알 수 있다.

> 네가 하나님의 선물을 돈 주고 살 줄로 생각하였으니 네 은과 네가

함께 망할지어다 (행 8:20)

성령은 우리 개인의 원함이나 기분, 필요에 따라 사고팔 수 있는 상품이 아니다. 이 때문에 성령을 원하는 동기를 분명히 하지 않고는 절대 성령에 대한 토론을 계속할 수가 없다.

바로 지금 읽던 책을 내려놓고 당신이 왜 성령을 원하는지 스스로에게 물어보기 바란다. 능력을 받기 위함인가? 자기 개인의 발전이나 목적을 위해서인가? 아니면 하나님이 당신을 위해 예비하신 모든 것을 경험하고 싶기 때문인가? 교회를 사랑하기 때문에 형제자매를 더 잘 섬기는 종이 되고 싶어서인가?

올바른 이유

우리의 삶 가운데 성령의 임재와 능력을 사모하는 나름대로의 목적이 있듯이 하나님 역시 마찬가지다. 고린도전서 12장은 그리스도를 따르는 각 사람에게 "성령을 나타내심은 유익하게 하려 하심이라"(7절)라고 말한다. 이미 살펴본 바와 같이 성령의 나타나심, 곧 성령의 은사는 "같은 한 성령이 행하사 그의 뜻대로 각 사람에게 나누어 주시는 것이니라"(11절)라고 했다.

성령이 우리 안에 임재하시고 역사하시는 증거로서 은사의 나타남은 우리의 선천적 능력과 아무 상관이 없다. 그리고 우리의 노력으로 얻었다거나 자격이 있어서 받은 것이 아니다. 이 은사들은 우리의 뜻이 아닌 하나님의 뜻을 따라 주어진 것이다. 그러므로 우리 자신의 자랑이나 즐거움을 위해 사용될 수 없음을 분명히 밝혀야 한다.

성령은 의도적인 분이시기 때문에 그분의 뜻과 목적에 따라 각 사람에게 이 성령의 은사들을 나누어 주시는데 이 은사의 목적은 교회의 유익과 덕을 세우는 데 있다. 그러므로 우리의 마음이 이 동일한 비전을 공유하고 순전한 마음으로 교회를 사랑하며 교회가 하나님 사랑과 이웃 사랑 안에서 자라가기를 간절히 사모할 때 성령은 우리를 사용하신다.

10점을 기준으로 한다면 당신의 교회사랑은 몇 점이나 되겠는가? 당신 주변에 있는 형제자매를 바라볼 때 속으로, "나는 이들을 정말 사랑해. 이들이 하나님께 더 가까이 나아가도록 어떤 방법으로든 그들을 격려할 수 있게 힘주시기를 기도하고 있어."라고 말할 수 있는가?

당신은 얼마나 그들을 사랑하는가? 성령께서는 하나님이 당신 주위에 부쳐주신 사람들을 섬기도록 당신에게 초자연적인 능력을 주셨다. 하나님이 이런 성령의 능력을 주시면서까지 그들을 돌보게 할 정도로 그의 교회를 사랑하신다면, 우리도 그 동일한 목적을 위해 성령의 은사를 사용해서 교회를 사랑해야 하지 않겠는가?

사도바울은 천국 가기를 간절히 원했지만, 교회를 너무나 사랑했기 때문에 어쩔 수가 없었다. 그가 이 세상에 더 머물러야 할 오직 한 가지 이유는 교회를 향한 그의 사랑 때문이었다. 그는 다음과 같이 기록했다.

> 내가 그 둘 사이에 끼었으니 차라리 세상을 떠나서 그리스도와 함께 있는 것이 훨씬 더 좋은 일이라 그렇게 하고 싶으나 내가 육신으로 있는 것이 너희를 위하여 더 유익하리라 (빌 1:23-25)

이와 같은 바울의 삶의 목적과 교회를 향한 사랑을 깨닫게 될 때 당신은 영혼의 전율을 느끼지 않는가? 그러나 안타깝게도 이와는 달리 그릇된 목적으로 성령을 구하는 이들이 너무도 많다.

시선 끌기

성령의 역사는 그리스도를 영화롭게 하기 위함이다(요 16:14). 그런데 성령을 강조한다는 많은 사람들이 도리어 자기에게 시선을 집중시키려는 것 같다. 이 점에서 소문난 교회가 바로 고린도 교회였다. 성도 개개인이 교회공동체의 유익에는 관심이 없었기 때문에 교회가 혼란스러웠던 것이다. 그들은 성령의 나타내심을 이용해서 오직 자신의 영광을 드러내는 데 급급했다. 하나님이 다른 사람의 삶 속에서 무슨 일을 하시는지에는 관심이 없었다. 오로지 하나님이 자기 안에서 하시는 일을 과시하는 데만 열심이었던 것이다. 저마다 시선을 받으려고 안간힘을 쓰면서, 모두가 동시에 방언을 하고 예언을 하니 교회는 온통 혼란에 빠지게 된 것이다(고전 14:23~33).

성령께서 역사하신다는 확실한 증거는 사람이 아니라 그리스도가 높임을 받는 것이다. 그런데 우리 대부분은 자기가 영광 받기 위해 몸부림치고 있다. 아직도 교만 때문에 씨름하고 있는 나에게 하나님은 그분의 관점에서 바라보도록 가르쳐 주신다.

나도 젊은 시절, 남의 시선을 끌고 싶은 나머지 집요하도록 능력 받기를 갈망했던 게 사실이다. 그러나 지금 내가 하나님의 능력을 사모하는 이유는 주목받고 싶어서가 아니다. 마태복음 5장 16절에서 예수님은 이렇게 말씀하신다. "이같이 너희 빛이 사람 앞에 비치게 하여 그들로 너희 착한 행실을 보고 하늘에 계신 너희 아버지께 영광을 돌리게 하라." 하나님 나라를 위해 우리가 큰일을 하면서도 내가 영광 받지 않고 사람들로 하여금 하나님께 영광을 돌리게 할 수 있다. 당신에게 이런 일이 있었는가? 아니면 사람들이 당신의 선행을 보고 당신을 칭송했는가?

성령이 역사하실 때 진정 영광 받으실 분은 하나님이시다. 높임을 받으실 분은 예수님이시다. 오순절 성령이 임하셨을 때 하나님으로부터 온 능력이 그곳에 임했다는 사실을 사람들은 알았다. 이 때문에 사람들은 "요한은 정말 대단해! 단 몇 초 만에 외국어로 말할 수 있다니!"라는 식으로 말하지 않았다. 그들은 하나님이 하신 일이란 걸 알았다. 우리도 하나님의 영광을 가로채는 일이 없도록 능력을 부어 달라고 기도하자. 그리할 때 사람들이 우리의 일을 지켜보며 영광을 하나님께 돌리게 될 것이다.

> 그러므로 너희도 영적인 것을 사모하는 자인즉 교회의 덕을 세우기 위하여 그것이 풍성하기를 구하라 (고전 14:12)

기적 사냥

자연적인 방법으로는 일어날 수 없는 기적을 당신이 경험한다는 것은 실로 대단한 일이 아닐 수 없다. 기적을 보고 싶지 않다는 사람을 나는 아직 만나보지 못했다. 그런데 내가 염려하는 것은 하나님을 추구하기보다는 도리어 기적 자체에 더 집착하는 사람이 많다는 사실이다.

많은 사람들이 기적이라든지 치유, 예언과 같은 초자연적인 사건에 대해 이야기하고 싶어 한다. 그러나 이런 일에 지나치게 집착하다 보면 잘못되기 쉽다. 하나님이 우리를 부르신 이유는 우리로 하여금 그분을 추구하도록 하기 위해서지 결코 우리를 위해 또는 우리 가운데서 행하실 일을 추구하라고 부르신 것이 아니다. 성경은 우리가 열매 맺기를 사모하며 그 아들을 닮는데 더 많은 관심을 가져야 한다고 강조한다. 하나님은 우리가 성령을 따라 순종하기를 원하신다. 여기서 중요한 것은 기적 그 자체가 아니라는 것이다. 기적은 그들이 기대하지도 않았는데, 사람들이 신실하게 그들을 섬기며 사랑하는 일에 열중했을 때 일어났다.

하나님은 적합하다고 판단하실 때 기적을 행하시는 분이라는 사실을 우리가 믿기 원하신다. 마치 우리가 기계에 동전을 넣고 자기가 원하는 것을 누르면 나오는 것처럼 하나님은 그렇게 기적을 일으키지 않으신다. 기적은 그것 자체가 목적이 아니라 언제나 그것을 통해 보다 크고 놀라운 일을 보여 주시고 이루시기 위한 하나의 방편일 뿐이다.

  나는 더 많은 기적을 간증하고 싶다. 그러나 우리의 관심이나 에너지가 기적에 집중될 때 정작 하나님이 우리에게 먼저 추구하라 명하신 것들은 뒷전으로 돌리고, 자신의 욕망만을 하나님께 강요하기 쉽다. 때로 우리는 예수님께 성전에서 뛰어내려 기적을 행하라고 했던 마귀의 모습을 우리 속에서도 발견한다. 물론 성부 하나님은 예수님이 성전에서 뛰어내리면 다치지 않게 보호할 수 있는 분이시지만 예수님은 성부 하나님께 기적을 행하도록 "강요"함으로써 그분을 시험하는 일을 단호히 거절하셨다.

✦ ❦ ✦

  하나님은 적합하다고 생각하실 때 목적을 이루시기 위한 기적을 행하신다. 그러므로 우리는 하나님이 전혀 약속하지 않은 기적을 베풀어달라고 간청하고 싶은 유혹에서 벗어나야 한다. 더 나아가 우리를 부르신 이유는 하나님이 성경을 통해서 말씀하신 대로 우리가 우선해야 할 것에 집중하도록 만드시기 위해서이다. 그러므로 성령의 능력은 간구하되 그 시기는 그분께 맡겨 드려야 한다. 하나님과 다른 사람을 사랑할 수 있도록 초자연적인 능력을 달라고 간구하라. 하나님의 때에 그분의 방법으로 그분의 영광을 위해 기적을 행하실 하나님을 신뢰하자.

우리는 하나님의 역사하심을 일상생활 속에서 찾아야 한다. 예를 들어, 지금 당신이 남부 캘리포니아 주에 살고 있다면 당신이 물질만능주의에 치우치지 않는 것이야말로 하나님이 당신 속에서 이루신 기적이다.

감격스러운 예배를 한번 경험하고 나면 다음번 예배에 참석했을 때도 그와 같은 경험을 또다시 하게 해 달라고 하나님께 간구하게 된다. 마치 신기한 마술에 홀린 아이처럼 나도 "한 번 더 해 주세요."라고 간구하게 되는 것이다. 지난 몇 년에 걸쳐 하나님에 대해 내가 배운 것 한 가지는 하나님은 "반복하는 일이 거의 없다"라는 사실이다. 하나님은 창조주시다. 이는 하나님이 창의적인 분이라는 뜻이다. 만일 하나님이 어떤 기적이나 특별한 경험을 허락하실 것이라고 기대하게 되면 이로 인해 초자연적인 것을 조작하거나 심지어는 가짜 경험을 위장하려는 유혹마저 받게 될 것이다. 따라서 우리는 초자연적인 것 자체를 추구할 것이 아니라 도리어 그리스도를 추구하고 그를 더욱 순종하면서 그에게까지 자라가도록 애써야 할 것이다.

추종자인가 인도자인가?

전에는 나도 성령을 주도하려 했던 적이 한두 번이 아니었다. 성령에게 무엇을 할 것인지 또 언제 그것을 할 것인지 내가 지시하고 내가 주도권을 갖기 원했었다. 그런데 아이러니하게도 우리에게 성령이 주어진 이유는 성령이 우리를 인도하기 위함이라는 것이다. 성령을 사모한다는 것은 성령이 우리를 인도하시도록 맡겨 드린다는 뜻이다. 이 정의에 의하면 우리 자신의 목적을 이루기 위해 성령을 사모한다는 것은 정말 웃기는 얘기다.

  성령은 우리가 선택해서 우리 임의대로 사용할 수 있는 수동적인 힘이 아니다. 성령은 하나님이시며 그가 인도하시는 대로 우리 자신을 맡겨 드릴 것을 요구하시는 인격체이시다. 당신은 진심으로 인도하심을 받기 원하는가? 기질상 타고난 지도자들조차도 성령을 이끌고 가려 하지 않는다. 모든 사람은 성령의 인도를 받도록 부름 받은 것이다.

우리들 대부분이 성령의 이끌림을 받고 싶다고 말할지는 모르지만, 솔직히 나는 우리가 실제로는 그렇게 될까 봐 오히려 두려워한다고 믿는다. 나는 내가 어떤 사람인지 안다. 무슨 의미겠는가? 당신은 정작 포기할 생각이 없는데 성령이 포기하라 하시면 어떻게 하겠는가? 성령이 가고 싶지 않은 곳으로 당신을 인도하면 어쩌겠는가? 성령이 직장을 바꾸라면 어떻게 하겠는가? 또 이사를 가라 하시면? 그가 당신을 어디로 이끄시든 기쁨으로 순종하겠는가? 나라면 과연 그렇게 할 수 있을까?

하나님이 부르고 계신 것은 확실하다. 성령이 손짓하고 계시지 않는가? 이제 중요한 질문은 당신이 따를 것이냐? 라는 것이다. 당신은 정말 순종할 것인가? 그런데 하나님이 내게 뭘 할 것인지 물으실 때 선다형으로 물으시면 좋겠다. 선다형에서는 A나 B가 싫으면 아직 C와 D가 남아 있으니 말이다. 물론 성령이 때로는 이와 똑같은 방식으로 우리를 인도하기도 하신다. 다행히 하나님이 둘 중 하나를 택하도록 하시는데 두 가지가 다 좋을 수도 있을 것이다.

하지만 많은 경우를 볼 때 하나님은 그런 식으로 일하지 않으신다. 하나님은 뭔가 특별한 것을 우리에게 주문하시면서 그에 대한 순종과 불순종의 선택권을 우리에게 주신다. 그런데 정말 놀라운 것은 성령께 순종하지도 않고 성령을 신뢰하지도 않음으로 결국 하나님께 순종하지도 신뢰하지도 않는 자가 되는 것이다. 이는 작은 문제가 아니다.

우리 모두는 다음 질문에 답해야 한다. 나는 성령을 인도하길 원하는가 아니면 그의 인도하심을 받기 원하는가?

※ ※ ※

하나님이 당신을 지금 있는 곳으로 인도하셨는가? 우리 교회에서 혹은 여행 중에 만나는 많은 사람들이 내게 "하나님께서 나를 이곳 씨미 벨리로 부르셨다고 믿어요."라고 말한다. 어떤 이는 위치타로, 또 누구는 뉴욕으로, 또 다른 사람은 그린빌로 부르신 것을 믿는다고 했다. 다분히 그럴 수 있지만 생각해 보면 살고 있는 그곳을 당신이 좋아하니까 하나님의 인도하심을 단순한 구실로 내세우는 것은 아닐까? 그곳에서 당신은 좋은 직장을 구했겠다, 자녀의 학군 또한 안전지역인데다 학교의 교육수준도 상위권이다. 게다가 형제들도 가까운 거리에 살고 있으니(가족관계에 따라서는 차라리 멀리 떨어져 있어서 다행일 수도 있겠다) 안성맞춤인 것이다. 그러니 그곳으로 "부름 받았다"라고 하는 당신의 말도 일리는 있다. 그렇지 않겠는가?

어쩌면 현재 살고 있는 곳으로 하나님이 당신을 부르셨을 수도 있다. 그런데 당신이 지금 그곳에 있게 된 것이 부름 받았기 때문이라고 말한다면 몇 가지 질문을 해 보아야 한다. 예를 들어, 만약 당신이 그곳을 떠났다고 가정했을 때 과연 사람들이 당신을 그리워 할까? 어떤 변화가 있을까? 당신의 존재 여부가 기본적으로 어떤 차이를 가져올까? 아니면 언젠가 우리 교회 청년부 목사가 내게 물었듯이, 만일 온 교인이 나만큼만 헌신한다면 우리 교회는 어떻게 될까? 모든 신자가 더도 덜도 말고 꼭 내가 낸 만큼만 헌금하고, 나만큼만 봉사하고, 나만큼만 기도한다면 우리 교회는 과연 건강하고 활기찬 교회가 될까? 아니면 미약하고 무기력해 질 것인가?

당신을 "성직자의 길로 유인"할 목적에서 내가 이런 질문을 하는 것이 아니다. 결코, 목사나 선교사 지망생을 모집하려는 게 아니다. 이런 질문을 하는 목적은 당신으로 하여금 고린도전서 12장 말씀을 진지하게 묵상케 해서 당신에게 성령의 은사가 주어졌다는 사실을 깨닫게 하려는 것이다. 아울러 당신의 참여 없이는 당신의 교회와 세계 교회가, 더 나아가서는 온 세상이 절름발이가 된다는 사실을 믿게 하려는 것이다. 내가 이 글을 쓰는 이유는 교회를 사랑하기 때문이요, 또한 당신은 단지 보조자가 아니라 그 이상의 중요한 존재라는 사실을 당신이 믿게 하기 위해서다. 당신 자신이 중요한 멤버임을 믿어야 한다. 지금 당신이 부동산 부로커든, 외판원이든, 식당종업원이든, 커피전문점 직원이든, 교사든, 치과의사든, 심리치료사든, 학생이든, 부모든, 농부든, 학교법인 이사든 아니면 도위원이든 당신은 그리스도의 몸인 교회의 중요한 지체다. 다음과 같이 자문해 보라. "몸에 입이 있어야 하듯 교회가 나를 필요로 한다는 사실을 나는 믿고 있나?"

성령께서는 "많은 사람의 유익"을 위해 우리를 그의 증인으로 삼으시려고 우리에게 능력을 부어 주신다. 만일 당신이 교사라면 학생들에게 어떻게 영향을 끼칠 것인지 생각해 본 일이 있는가? 만일 코치라면 당신 팀에 어떤 영향을 주고 있는가? 다른 코치들과의 관계는 또 어떤가? 사업가라면 고객이나 동료들을 어떻게 대하고 있는가? 그들이 볼 때 당신은 예수님의 가르침대로 사는 사람인가 아니면 여느 사업가들과 마찬가지로 자본주의의 자기본위적 기준에 따라 장사하는 사람으로 보이는가? 혹 가정주부라면 자녀들이 예수님을 사랑하도록 어떻게 그들을 양육하고 있는가? 하나님이 당신 곁에 부쳐주신 이웃을 전도하기 위해서 그들에게 어떻게 다가가는가?

하나님이 당신이 있는, 지금 바로 그 자리로 부르셨을지 모른다는 말이 틀린 말은 아니다. 그러나 하나님이 당신을 그곳으로 부르신 것은 단순히 안락함이나 피상적인 평안함 속에 안주하라는 뜻이 아니다. 하나님의 목적은 마구잡이식이나 닥치는 대로 설정된 것이 아니다. 아직도 당신이 이 땅에 살아 있는 이유는 하나님이 의도하시고 기대하시는바 당신이 할 일이 있기 때문이다. 하나님은 우리가 세상에 태어나기 오래전부터 계획하신 목적을 위해 우리를 이 땅에 보내신 것이다(엡 28~10). 당신의 존재 이유가 자신의 영달을 위해서가 아니라 사람들로 하여금 예수님의 사랑을 깨닫고 그분 안에서 풍성한 삶을 누리도록 그들을 돕는 일이라는 것을 믿는가? 그렇다면 이제는 당신이 지금 있는 곳에서 어떤 식으로 살아야 할지를 이해할 수 있을 것이다.

성령이 인도하실 때

성령의 인도하심에 순종할 때 그는 우리가 더 거룩해지고 더욱더 예수님을 닮아 가도록 도와주신다. 이는 우리의 육체를 굴복시키는 필생의 과정으로써 사도 바울이 갈라디아서 5장에서 언급한 바와 같이 성령을 따라 행하고 육체의 소욕을 기뻐하지 않는 것이다. 성령께 순복하면서 동시에 육체를 기쁘게 하는 삶을 산다는 것은 불가능한 일이다. 왜냐하면 "이 둘이 서로 대적"하기(갈 5:17) 때문이다. 육체의 일은 다툼과 분냄과 불화와 우상숭배와 같은 것들이다. 반면 성령의 일은 사랑과 절제와 희락과 충성 등과 같은 것들이다. 이는 분명 상반된 것들이다. 그러면서 바울은 그리스도에게 속한 사람들은 "육체와 함께 그 정욕과 탐심을 십자가에 못 박았느니라"라고까지 선포한다(5:24).

당연히 "육체를 십자가에 못 박는다"는 말은 기분 좋거나 호감 가는 말이 아니다. 그러나 이는 하나님께서 우리가 어디에 빠지게 될지를 분명히 알기를 원하시기 때문이다. 또한, 하나님은 성령의 은사가 결코 우리 자신의 쾌락이나 목적을 위해 주시는 것이 아니라는 사실을 우리가 필히 알기 원하신다. 성령은 우리를 거룩함으로 인도하기 위해 주어졌으며 성령이 이곳에 우리와 함께 계심은 우리의 목적이 아닌 하나님의 목적을 이루기 위하심이다.

육체를 십자가에 못 박아 멸하기로 결심할 때 당신은 자동적으로 성령의 길을 택한 것이다. 지금까지 당신이 가던 길에서 돌아서서 다른 길로 들어섰다는 말이다. 성령과 동행하는 새 길에는 분명히 평평하지 않은 곳들이 있다. 오솔길을 가다 보면 분기점을 만나는 때도 있을 것이다. 당신이 오래전에 떠나 온 길임에도 때로는 육체의 욕망을 따르는 길로 다시 갈 때가 있을 것이다.

성령의 길이라고 해서 완만한 내리막길만 있는 것은 아니다. 대개 성령과 동행하는 길은 온갖 방해와 고난을 통과해야 하는 힘든 오르막길이다. 그 길은 울퉁불퉁하고 힘들지만 우리는 특정한 방향으로 계속 전진해야 한다. 그 특정한 방향은 성령의 인도하심을 따라 설정된 길이다. 그 길을 가다 어느 시점에 이르게 되면 하나님께 이제는 세상 욕망이나 정욕(분냄, 방종, 부도덕 따위)의 지배를 원치 않는다고 고백할 때가 올 것이다. 그래서 어느 순간 당신의 삶을 붙들고 있었던 이런 것들과 결별하게 되는 것이다.

혹 당신이 아직 이런 결심을 하지 못했을 수도 있다. 그러나 이 결심은 모든 사람이 해야 하는 것임을 명심하라. 육체를 십자가에 못 박을 것인지, 그래서 진정으로 성령과 동행할 것인지는 우리 각자가 결정해야 할 몫이다. 이는 하나의 선택이다. 그리고 굉장히 중요한 결정이다.

우리가 날마다, 순간마다 성령의 인도하심을 따라 살아갈 때 그리스도의 거룩하심을 닮아갈 뿐 아니라 그리스도의 사랑까지도 닮아가게 될 것이다. 바울은 성령의 나타나심과 성령의 은사에 대한 설명을 마친 후, "내가 또한 가장 좋은 길을 너희에게 보이리라"(고전 12:31하)라고 했다. 이는 마치 이렇게 말하는 것과 같다. "물론 성령의 이런 은사들이 중요하다. 그런데 이제는 진짜 중요한 것을 얘기하겠다. 이는 세상을 변화시키는 것에 대한 얘기다." 그리고 13장에서 그는 그 유명한 "사랑장"을 기록한다. 여기서 그는 사랑이 없으면 아무것도 아니라는 사실을 상기시켜 준다.

> 내가 사람의 방언과 천사의 말을 할지라도 사랑이 없으면 소리 나는 구리와 울리는 꽹과리가 되고 내가 예언하는 능력이 있어 모든 비밀과 모든 지식을 알고 또 산을 옮길 만한 모든 믿음이 있을지라도 사랑이 없으면 내가 아무것도 아니요 내가 내게 있는 모든 것으로 구제하고 또 내 몸을 불사르게 내줄지라도 사랑이 없으면 내게 아무 유익이 없느니라 (13:1-3)

바울이 강조하는 바가 초자연적인 성령의 은사에서 사랑으로 옮겨진 것을 보면 이 본문이 매우 강력한 메시지를 담고 있는 말씀임을 알 수 있다. 그는 "사람의 방언과 천사의 말"을 할지라도 또 "예언하는 능력"이 있어 "모든 비밀과 모든 지식"을 알지라도 사랑이 없으면 아무 의미가 없다고 구체적으로 말한다.

믿는 자에게 하나님의 사랑을 부어주고 우리로 서로 사랑하게 만드시는 분이 성령이시다. 바울은 에베소 교인들에게 보낸 그의 기도문에서 이 사실을 다음과 같이 아름답게 묘사하고 있다.

> 그의 영광의 풍성함을 따라 그의 성령으로 말미암아 너희 속 사람을 능력으로 강건하게 하시오며 믿음으로 말미암아 그리스도께서 너희 마음에 계시게 하시옵고 너희가 사랑 가운데서 뿌리가 박히고 터가 굳어져서 능히 모든 성도와 함께 지식에 넘치는 그리스도의 사랑을 알고 그 너비와 길이와 높이와 깊이가 어떠함을 깨달아 하나님의 모든 충만하신 것으로 너희에게 충만하게 하시기를 구하노라
>
> (엡 3:16~19)

성령의 능력으로 말미암아 지식에 넘치는 그 사랑, 이 놀라운 사랑의 비밀을 알기 바란다.

혹이라도 가장 중요한 것을 혼동하는 일이 없도록 하자. 예수님은 제자들에게 말씀하신다.

> 내가 너희에게 뱀과 전갈을 밟으며 원수의 모든 능력을 제어할 권능을 주었으니 너희를 해칠 자가 결코 없으리라 그러나 귀신들이 너희에게 항복하는 것으로 기뻐하지 말고 너희 이름이 하늘에 기록된 것으로 기뻐하라 하시니라 (눅 10:19~20)

진정한 기쁨은 우리가 받은바 은혜로 말미암은 것이다.

자신의 생명과 피를 부어 주사 우리의 기쁨의 근원이 되신 우리 구주 예수님처럼 우리도 끝까지 목숨을 바치도록 지음을 받은 것이다. 그러므로 우리가 사랑하며 적극적으로 자신을 드릴 때 비로소 우리는 가장 역동적인 삶을 살게 되는 것이다. 왜냐하면, 우리는 그 일을 위해 지음 받았기 때문이다. 이는 우리 혼자 힘으로는 불가능한 일이다. 그러나 이처럼 살아갈 때, 하나님의 영이 우리 안에서, 그리고 우리를 통해서 역사하시고 이루신다. 이것이 바로 우리가 사는 목적이며 소망이다.

> 소망이 우리를 부끄럽게 하지 아니함은 우리에게 주신 성령으로 말미암아 하나님의 사랑이 우리 마음에 부은 바 됨이니 (롬 5:5)

안이숙
Esther Ahn Kim

안이숙 여사의 전기는 내가 읽어 본 그 어느 간증문보다 가장 감명 깊었다. 안 여사가 신앙생활을 시작한 것은 제2차 세계대전이 발발하고 일본이 한국을 강점했을 때였다. 당시 전국 곳곳에 사찰이 세워지고 신사참배가 강요되었다. 그러나 그녀는 이를 거절했다. 결국, 그 일로 안 여사는 1939년부터 1945년까지 6년 동안이나 감방생활을 하게 되었다.

우상에게 절하지 않았다는 이유로 감옥에 갈 신세가 된 것을 알게 되자 안 여사는 육체적으로나 영적으로 자신을 단련해야 할 필요를 느꼈다. 그리고는 이를 위해 틈을 냈다. 매일 일부러 상한 음식을 찾아 그것을 먹는 훈련을 했다. 감옥에서는 보통 그런 음식을 먹게 되리라는 것을 알았기 때문에 미리 적응해 두기 위해서였다. 그녀가 감수해야 했던 이 훈련은 실로 굴욕적이었다. 우리 중 몇이나 부패한 음식을 먹을 각오를 할 수 있겠는가?

감옥에 들어갈 날이 다가오는 동안 그녀는 100장이 넘는 성경 말씀과 많은 찬송가 가사를 부지런히 외웠다. 감방에서는 성경책을 소지할 수 없다는 사실을 알았기 때문이다. 수없이 많은 시간을 금식과 기도로 보내면서 그녀는 하나님을 추구했다. 말씀을 읽는 시간을 통해서 그녀는 더욱 분명한 확신을 갖게 됐을 뿐 아니라 앞으로 당할 고문에 대한 두려움도 맡겨 드릴 수 있었다.

안 여사의 전기를 읽고 나니 나의 마음에 더욱 갈급함이 생겼다. 그리스도와 더 친밀해지고 싶었고 좀 더 사람들을 사랑하고 싶어졌다. 그리고 내 삶 속에 하나님을 더욱 간절히 모시기를 사모하게 되었다. 솔직히 말하자면 내게 더 많은 훈련이 필요했던 것이다. 그녀는 잘 훈련된 그리스도인이었다. 그럼에도 그녀에게서는 자기의(義)라고는 전혀 찾아볼 수가 없었다. 그리스도에 대한 그녀의 순종은 그녀로 하여금 성령의 음성에 더 민감해지도록 만들었다. 그리하여 그녀는 만나는 사람들에게 넘치는 그리스도의 사랑을 나누어 주었다.

감옥에 들어가자 하나님은 놀라운 방법으로 그녀를 들어 쓰셨다. 어느 날 밤, 한 젊은 중국여인이 남편을 죽인 혐의로 감방에 들어왔다. 이 여인이 계속 소리를 지르며 감방 문들을 두드리는 통에 간수들이 아예 그녀의 두 손을 등 뒤로 묶어 버렸다. 하나님은 바로 이 여인에게 다가가 사랑을 나누라고 안이숙을 부르셨다. 어느 추운 겨울밤, 안 여사는 자기 배설물로 뒤범벅된 이 여인의 발을 손으로 감싸 따뜻하게 녹여 주었다. 죄수들에게 제공되는 식사라야 양이 매우 적었지만 안이숙은 3일씩이나 굶어가며 자신의 식사를 이 여인에게 주었다.

시간이 지나면서 이 중국여인은 차츰 반응을 보이기 시작했다. 얼마 후에 말을 하더니 드디어 복음을 받아들였다. 그 후 이 여인은 처형됐다. 육신으로는 죽음을 면할 길이 없었지만, 그녀는 그리스도 안에서 새 생명을 얻은 것이다.

이 중국 여인은 하나님께서 안 여사를 통해 복음을 알게 한 많은 사람 중 한 사람이다. 안 여사가 베푼 그리스도의 사랑으로 말미암아 부랑자였던 살인범과 사기꾼들의 마음이 녹고 희망을 갖게 되었다. 곁에서 이들을 지켜본 모든 사람 앞에서 드디어 이 부랑자들이 변화되었던 것이다. 심지어 간수와 직원들까지도 이 어두운 감옥을 환하게 만든 안 여사를 주목하게 되었다. 여느 착한 기독교인들과 마찬가지로 그녀가 고통을 그냥 한 번쯤만 감내했어도 우리는 그런 그녀를 보면서 칭찬했을 것이다. 그런데 그녀는 단지 참아 내는 것으로 만족한 것이 아니었다. 그녀는 매일 매 순간 하나님께 "오늘은 당신을 위해 누구를 사랑할까요?"라고 물었다.

A Real Relationship

5장
실제적 관계

우리의 해결책이 한계상황에 처했을 때, 그때 성령은 우리에게 해답을 주신다. 그러나 아직도 우리 방식을 고집하며 온갖 궁여지책을 둘러대고 있으니 어찌 성령이 답을 제시할 수 있으리오?

_ 칼 바르트

불안보다 더 나쁜 것은 없다. 너무도 많은 사람이 두려움 속에서 살아간다. 다음에 무슨 일이 닥칠지, 그리고 하나님 앞에 섰을 때는 어떻게 될지 도무지 확신이 서지 않기 때문이다. 심지어는 자기가 하나님을 믿고 있는지조차 자신이 없으니 그럴 수밖에 없다. 반면에 우주에서 가장 큰 능력을 가지신 분이 당신을 자녀로 아껴주신다는 사실을 의심 없이 확신하는 것 이상 좋은 일은 없다. 이것이 바로 성령이 우리에게 주시는 확신이다.

어떤 의미에서는 하나님을 섬기며 신실하게 살아가는 일이 "좀 더 노력해야 하는데…….", "다음에는 좀 더 잘해야지."라는 식으로 끝없는 부담이 되어 다가올 수 있다. 무슨 말인지 이해할 수 있을 것이다. 나는 신앙생활을 해오면서 상당기간 동안 구원의 확신을 가지지 못한 채 두려움 속에서 구원을 얻기 위해 필사적으로 노력했다. 하지만 불안감에서 헤어나지 못했다.

나는 소위 성취지상주의가 목표인 가정에서 자랐다. 자연히 나는 무조건적인 사랑이라는 것이 있는지조차 몰랐을 뿐 아니라 그런 걸 전혀 경험하지도 못했다. 실수하면 영락없이 호된 벌을 받아야 했다. 당시 나에게 있어서 최고의 권위는 아빠였기 때문에 그는 가히 절대적이었다. 나로서는 전혀 환경을 탓할 처지가 아니었다. 불행하게도 이런 성장배경은 나로 하여금 내심 반항심을 키우게 했다. 대체로 너무나 크고 깊은 상처를 받은 사람들은 신뢰한다는 말을 믿지 못한다. 어쩌면 당신은 그릇된 인간관계속에서 쓰라린 좌절을 경험하고 그 책임을 무의식중에 완전하신 하나님께 전가할지 모른다. 이렇듯 사람에 대한 신뢰가 없는 사람은 하나님과의 관계마저 해친다.

그런데 우리에게 이런 불확실과 의심의 늪에 빠지는 일이 없도록 확신을 주시는 분이 바로 성령이시다. 이로써 우리는 창조주와의 친밀한 교제를 누릴 수 있게 되는 것이다. 하나님이 우리에게 성령을 주신 목적은 단지 우리 개인의 유익만을 위한 것이 아님을 나는 믿는다. 그런데 우리가 성령을 받음으로 누리게 되는 가장 놀라운 복은 그가 주시는 친밀감과 안정감, 그리고 격려라는 것을 부인하지 못할 것이다. 이 사실 때문에 우리는 더 이상 스트레스나 죄책감에 시달리는 종이 아니라 진정으로 사랑받는 자녀로서 하나님을 섬길 수 있게 되었다.

나는 갈라디아서 연구를 통해 구원 얻기 위해 노력해야 한다는 강박관념에서 완전히 벗어날 수 있었고 또한 불안감에서도 해방됐다. 그 후, 갈라디아서를 본문으로 설교하면서 하나님이 나를 "아신"바 됨의 기쁨을 절절이 깨닫게 되었다.

> 이제는 너희가 하나님을 알 뿐 아니라 더욱이 하나님이 아신 바 되었거늘 어찌하여 다시 약하고 천박한 초등학문으로 돌아가서 다시 그들에게 종노릇 하려 하느냐 (갈 4:9)

"아신바" 되었다는 말의 의미를 깊이 묵상해 본 적이 있는가? 수년 동안이나 내가 하나님을 "안다"고 사람들에게 말해 왔지만 정작 내가 "아신바" 되었다는 개념을 제대로 파악한 것은 최근 들어서였다. "내가 프렌시스 챈을 알고 있지. 그는 내 아들이거든. 내가 그를 사랑한단다."라고 말씀하시는 전능하신 하나님을 생각하면 상상만으로도 가슴이 벅차오른다. 혹 내가 하나님께 당신에 대해 묻는다면 하나님이 그렇게 말씀하실 것이라고 당신은 확신하는가? 당신은 하나님을 아는가 아니면 단지 그분에 대해서 아는가? 당신은 하나님의 지인인가 아니면 친한 친구인가?

갈라디아 4장에서 바울은 종과 자녀의 차이점을 설명한다. 그리스도가 십자가 위에서 이루어 놓으신바, 그 특권을 갈라디아 성도들이 누리고 있다는 사실을 확신시켜 주고 싶었던 것이다. 우리들 대부분은 하나님의 자녀라고 말한다. 그런데 행여 이 말이 당신에게 헛소리는 아닌가? 당신의 존재 깊은 곳으로부터 나는 하나님을 알고 그분이 나를 아신 바 되었다고 자신 있게 고백할 수 있는가?

바울은 갈라디아 성도들에게 우리가 하나님의 자녀임을 우리 마음에 확신시켜주는 분이 성령이라고 선포한다.

율법 아래에 있는 자들을 속량하시고 우리로 아들의 명분을 얻게 하려 하심이라 너희가 아들이므로 하나님이 그 아들의 영을 우리 마음 가운데 보내사 아바 아버지라 부르게 하셨느니라 (4:6-7)

이 구절들은 참으로 놀랍고도 아름다운 진리의 말씀이다. 내가 이 진리를 완벽하게 설명할 수는 없지만, 하나님과의 친밀한 교제를 통해서 자주 경험했다. 이는 성령이 우리에게 주신 매우 귀한 선물이다. 성령은 우리가 하나님과 바른 관계에서서 그의 사랑을 받고 있음을 확신시켜 주시고 그리스도 안에 있는 새 생명을 선물로 보장해 주신다. 또한, 우리는 하나님의 자녀요, 그는 능력이 많은 분이심으로 두려울 것이 없다고 우리에게 확신을 주신다. 성령은 하나님이 우리를 조건 없이 완전하게 받으셨다고 증거 하신다. 또한 성령은 우리로 하여금 하나님의 나라가 온전히 임할 때 주어질 승리를 기억하게 해주신다.

바울은 이 중요한 진리를 로마서에서 다음과 같이 강조했다.

너희는 다시 무서워하는 종의 영을 받지 아니하고 양자의 영을 받았으므로 우리가 아바 아버지라고 부르짖느니라 성령이 친히 우리의 영과 더불어 우리가 하나님의 자녀인 것을 증언하시나니 자녀이면 또한 상속자 곧 하나님의 상속자요 그리스도와 함께한 상속자니 우리가 그와 함께 영광을 받기 위하여 고난도 함께 받아야 할 것이니라 (롬 8:15~17).

지금 당신이 어디서 이 글을 읽고 있는지 나는 모른다. 당신은 아마도 이 말씀에 백 퍼센트 공감하며 동의한다는 말을 하고 싶을지 모르겠다. 그렇다면 "아멘!"이라고 소리쳐 보라. 이 글을 읽으면서 "그런데 나는 말이지, 하나님과 이런 정도의 친밀함을 경험하지 못했거든…… 내 속에 있는 성령은 전혀 '아바, 아버지.'라고 부르짖지 않는단 말이야!" 당신이 바로 이 사람이라면, 성령을 모셔 들이는데 방해가 되는 두 가지 장애물에 대해 생각해 보기 바란다. 안락함과 과부하(過負荷).

안락함(삶이 너무 안락해서)

내 경험에 의하면 하나님께 다가갈 수밖에 없는 절박한 상황에 처했을 때 비로소 나는 하나님을 가장 가깝게 느꼈다. 성령은 대개 두려운 상황을 통해서 우리에게 다가온다고 성경은 말한다(눅 12:11~2). 복음 때문에 시련에 처하게 되었다든지(일부

국가에서), 혹은 아이티의 수많은 인명을 앗아간 강진을 허용한 신을 왜 우리가 믿어야 하느냐는 항변을 받았을 때, 또는 사랑하는 가족 중 누가 갑작스럽게 죽었다는 전화를 받았을 때와 같은 절박한 상황에서 우리는 성령의 인도하심을 경험한다.

예수님은 성령을 "돕는 자" 또는 "위로자"라고 말씀하신다. 간단한 질문을 하나 해 보겠다. 우리가 지금 편안한 삶을 누리고 있는데 왜 굳이 성령체험이 필요한가? 실은 복음을 위해 모험을 무릅 쓰고 고난을 당하는 사람(빌 1:29)이 "세상 끝날 까지 너희와 항상 함께 있으리라"(마 28:20) 하신 성령을 제일 많이 경험하는 사람이라 할 수 있다. 이 구절은 모든 믿는 사람들에게 해당되는 말씀이지만(물론 하나님은 항상 우리와 함께하신다), 그러나 우리가 혼자가 아니라거나 하나님이 필요하다는 느낌이 전혀 없다면 그가 우리와 함께하신다는 사실이 우리에게 뭐 그리 대수며 또 굳이 알아야 할 필요가 있겠는가?

최근에 나는 서울에서 대단한 분을 만나 같이 식사한 적이 있다. 그는 2007년 7월 아프가니스탄에서 탈레반에 의해 인질로 잡혀 있었던 23명 선교사 중 한 사람이었다. 이 사건을 벌써 잊은 사람이 있을지 모르지만, 한국정부로부터 협상안이 제시되기 전에 이미 탈레반은 2명의 선교사를 처형했고 남아 있던 선교사들은 후에 석방됐다.

그는 순교할지도 모른다는 두려움 속에서 좁은 방에 감금되어 있었을 당시 그가 느꼈던 공포에 대해 이야기했다. 특히 그는 일행 모두가 한 방에서 지낸 마지막 날 밤(그 후 납치범들은 일행을 3명씩 나누어 외진 곳으로 데려갔다)에 가졌던 놀라운 시간에 대해 들려주었는데 그날 밤, 23명의 선교사들은 하나님께 저마다의 삶을 드리고 하나님의 영광을 위해 죽을 각오를 했다. 심지어는 누가 먼저 죽을 것인지를 두고 논란까지 있었다고 했다. 일행 중 한 사람이 소형 성경을 갖고 있었는데, 그는 몰래 그 성경을 찢어 23등분 해서 각기 한 묶음씩 나누어 갖고 아무도 보지 않을 때 잠깐이라도 성경을 볼 수 있게 준비했다. 하나님의 말씀과 성령이 그들로 하여금 40일 동안의 감금생활을 능히 견뎌내게 했던 것이다.

그가 들려준 이야기 중에서 가장 멋진 사건은 그 후에 벌어진 일이다. 서울에 돌아온 후, 한동안은 일행 중 여러 사람이 그에게 "우리가 아직도 거기 있었으면 하는 아쉬움은 없으세요?"라고 물었다. 편안할 때 맛볼 수 없었던 하나님과의 깊은 친밀감을 당시 그들 모두가 경험했었다고 그는 고백했다.

이것이 바로 성령이 우리에게 주시는 하나님과의 친밀감이라는 소중한 선물인데 이 친밀감이야말로 인간의 어떤 안전이나 안락함, 심지어는 탈레반의 납치까지도 잠재울 수 있도록 우리를 안전하게 보호해주는 귀중한 가치이다.

과부하(어쩌면 당신의 삶이 과부하 상태인지 모른다)

우리는 지금 다중작업이 일상화되어 버린 세상에 살고 있다. 아무런 방해 없이 누구와 대화해 본 일이 최근 언제였는가? 전화벨이 울리지 않고, 문자메시지도 날아오지 않고, 머릿속에 해야 할 일거리도 떠올리지 않은 채 누군가와 대화해 본 게 언제가 마지막이었느냐는 얘기다. 방해받지 않거나 어수선하지 않은 상태에서 상대방의 눈을 똑바로 바라보는 일이 좀처럼 쉽지 않은 게 요즈음 우리네의 일상이다. 얼마 전, 노트북으로는 누군가에게 이메일을 보내고 딸과는 위 게임(Wii는 닌텐도의 차세대 게임기, 위라는 이름의 뜻은 영어 단어 We를 이미지화해서 가족 누구나 즐길 수 있는 컨셉을 표방함)을 하면서 동시에 전화통화를 하고 있는 나 자신의 모습을 본 적이 있다. 우리들 대부분이 여러 가지 많은 일들을 한꺼번에 처리하려는 욕구 때문에 나 자신도 한 가지 일과 한 사람에게 집중하는 기술을 잃어버린 것 같다. 이것이 결과적으로는 내 기도 생활에까지 영향을 미치게 된 것이다. 아마 당신의 경우도 마찬가지일 거라는 생각이 든다. 하나님과 은밀히 보내기로 작정한 시간 임에도 그분께 집중하고 그분과 함께 한다는 것이 생각처럼은 쉽지 않음을 실감한다.

  예수님은 이메일이나 음성메일 또는 문자메시지를 처리할 일이 없으셨지만, 몰려오는 많은 무리를 한꺼번에 대한 다는 게 어떤 것인지 분명히 아셨다. 시도 때도 없이 사람들은 예수님을 찾았다. 그래서 최우선적으로 가져야 할 하나님과의 교제를 위해 예수님은 군중을 피하는 방법을 택하셨다. 조용하게 하나님께만 집중할 수 있는 시간을 찾으신 것이다. 기도 속에서 하나님 아버지와 대화하기 위해 그는 사람들의 접근을 기꺼이 외면하셨다. 결국, 친밀감을 갖지 못하는 이유는 하나님과 자기만의 시간을 고수하기 위해서라면 모든 비본질적인 것들을 내려놓아야 함에도 그것들을 포기하지 못하기 때문이다.

  미친 듯이 바쁘게 돌아가는 세상에서 요즈음은 조용한 장소를 찾는 일 자체가 엄청난 노력을 필요로 한다. 마음을 차분히 가라앉히고 주님 앞에 마음을 온전히 드리기까지는 시간이 필요하다. 좋아하는 음악이며 TV, 휴대폰을 끄는 일은 기본이고 실제로 마땅한 장소를 택해 그곳에 가야 한다. 필요하다면 근처의 한적한 곳을 찾아 이삼일 간 조용한 수양관에 머물 수도 있을 것이다.

  당신의 경우, 주님 앞에 조용히 나아가기 위해 무엇을 어떻게 해야 하는지 나는 잘 모른다. 그러나 당신의 성향이 어떠하든 마음의 평정을 찾고 성령의 음성을 놓치지 않기 위해서 세상의 소음과 혼란을 차단하는 일은 일종의 영적 훈련이다. 이같은 평온함과 기다리는 자세를 훈련하게 될 때 당신도 성령과의 깊은 교제와 친밀감을 경험할 수 있게 될 것이다.

개중에는 성령에 관한 이 책을 읽는 일이 어쩌면 성령과의 관계를 단절시키는 일종의 소음일 수도 있다. 지금까지 당신은 성령에 대한 많은 설교를 들었고 또 많은 책을 읽었을 것이다. 그러나 당신에게 진짜 필요한 것은 성령과의 직접적인 교통, 즉 그분의 음성을 직접 듣고 그분에게 당신이 직접 말하는 것이다. 성령에 관한 내 글을 읽는 일보다 그분의 말씀을 직접 듣는 것이 더 중요하고도 필요한 일이라는 말을 하고 싶은 것이다.

지금 잠시 이 책을 덮고 요한복음을 읽기 바란다. 14장에서 16장을 읽으며 말씀에 푹 빠져보라. 특히 예수님께서 얼마나 제자들이 마음에 평안을 얻기 원하셨는지 느껴보라. 또 그들은 혼자 내버려진 게 아니라는 진리의 말씀으로 어떻게 그들을 위로하시는지 주목해 보라.

예수님은 우리가 평안과 위로를 찾는 방법이 그가 떠나가면 오시리라 약속하신 다른 보혜사, 곧 성령을 만나는 것이라고 말씀하신다.

"다른 보혜사"를 주심은 우리의 유익을 위함이라고 하신 예수님의 말씀을 되새겨 보자. 마침내 예수님은 제자들 옆으로 걸어가셨고, 성령이 실제로 그들의 몸에 들어갔을 것이다(요 14:17). 당신은 이 말씀을 아마 백번쯤은 들었을 것이다. 그런데 이 말씀을 듣고 감탄해 본 적이 있는가? 지금 30초 동안만이라도 하나님이 당신 안에 거하신다는 말씀에 그냥 깊이 빠져 보지 않겠는가?

얼마나 놀라운 일인가! 이는 멀거나 느슨한 관계가 아니다. 하나님의 영이 당신과 나를 그분의 거처로 삼으신 것이다. 이미 설명한 바와 같이 살아계신 하나님의 영이 내 안에 계신다는 뜻이다. 어느 날 아침 기상하면서 피곤함을 느낀다거나 스트레스나 초조함을 느낀다면 세상 적으로 말해서 이런 기분이 소위 당신의 그날 일진을 결정할지 모른다. 그러나 실제로 내 안에 성령이 내주하시므로 스트레스나 피곤함, 초조함 따위가 나의 하루를 지배할 수는 없는 일이다.

성령의 약속을 믿음으로 받아들였다면 당신의 몸은 그의 성전이다. 자녀를 학교에 데려다 줄 때나 매일 직장에 갈 때, 새로운 일을 시작할 때, 비참한 일이나 고통을 당했을 때, 장 보러 갈 때, 사람들을 만날 때, 강아지와 함께 산책할 때, 뭔가를 결정할 때, 하루를 살아갈 때, 그때에도 성령은 당신 안에 거하신다.

아무쪼록 이런 실제적 사실이 마치 잠깐 관심은 있었는데 치밀하게 검토할 시간을 내지 못해서 아쉽게 놓쳐버린 중요한 정보 같은 것이 되지 않도록 각별히 유념해야 한다. 당신은 성령의 전이다. 당신은 단지 인간의 능력을 의지하고 살아가는 사람이 아니다. 당신 안에는 분명 하나님의 영이 살아 계시다. 예수님께서 나는 떠나가고 성령이 오는 것이 더 좋다고 말씀하신 이유가 바로 여기에 있다. 이 사실을 가볍게 지나쳐 버리지 말라. 이 말씀을 깊이 탐구하며 거기에 푹 빠져보라. 그 영향력이 제일 먼저는 당신의 내면을, 다음으로는 당신의 외면을 감싸게 하라.

요한복음 14장~16장에서 우리는 제자들을 향한 예수님의

연민과 염려를 볼 수 있는데 이는 하나님과의 교제를 가능케 하는 의미 있는 관계와 깊은 사랑을 보여주는 한 예에 불과하다. 갈라디아서 3장에 보면 "그리스도께서 우리를 위하여 저주를 받은바 되사 율법의 저주에서 우리를 속량하셨으니…… 또 우리로 하여금 믿음으로 말미암아 성령의 약속을 받게 하려 함이라"(13~14절)라고 기록되어 있다. 와! 지금까지 내가 이 말씀을 얼마나 많이 읽었던가! 그런데 내가 정작 성령에 대해 관심을 갖게 되기까지 이 말씀이 정말 내게 감명을 주었는지조차 잘 모르고 지냈다. 그리스도께서 저주 아래 있던 우리를 구속해 주셨기 때문에 우리가 성령의 약속을 받을 수 있었던 것이다. "약속하신 성령"은 결코 작은 약속이 아니다. 예수 그리스도의 참혹한 죽음의 고통을 통해 내가 이 놀라운 성령을 선물로 받을 수 있었던 것이다. 내 어찌 감히 이런 선물을 받을 자격이 있단 말인가?

예수님으로 말미암아 내가 이 약속을 받은 것이다. 그런데 이 성령은 어느 먼 곳에 있는 힘이 아니다. 우리 삶 가운데, 바로 우리 속에 내주하시면서 우리에게 확실한 안전을 보장해 주신다. 성경은 우리가 하나님의 자녀 된 사실을, 성령의 인도를 받고 있음을, 그리고 어떻게 양자의 영을 받았는지를 반복해서 기록하고 있다.

크리스튼은 지난 10년 동안 우리 가족과 친구로 지내왔는데 그녀의 모친 영결예배에 참석했던 일을 나는 결코 잊을 수가 없다. 한없이 슬퍼하는 그녀를 지켜보면서 한국 입양아였던 그녀가 이 부인에게 얼마나 많은 사랑을 받아 왔는지 느낄 수 있었다. 이 부인은 크리스틴의 진짜 어머니였던 것이다. 단지 그녀를 돌보며 끼니때마다 먹을 것이나 챙겨주는 아주머니가 아니었다. 이 부인이 사망한 지 수년이 지났지만, 크리스틴은 양어머니에 대한 이야기를 꺼낼 때마다 아직도 울먹이면서 말을 제대로 잇지 못한다. 그녀는 엄마를 몹시 그리워한다. 이것이 성경에서 하나님이 말씀하시는 양자의 모습이다. 이는 당신을 그저 지켜만 보는 비인격적인 보호자를 갖게 되는 것이 아니다. 부모가 생기는 것이다. 과거에도 없었고 앞으로도 없을 최고의 부모인 것이다.

  우리는 택함을 입었고, 접붙인바 되었고 또한 하나님의 가족으로 입양되었다. 그러므로 이제 우리는 하나님 가족의 일원이다. 성령은 우리로 하여금 하나님을 "아바, 아버지!"라 부르게 하신다. "아바"는 아버지에 대한 가장 친근한 호칭임을 기억하라. 이는 "아빠"라는 말로 그 친밀도가 매우 두터움을 뜻한다. 하나님의 영이 우리 마음에 말씀해 주시기 때문에 우리가 하나님을 아빠라고 부를 수 있는 것이다. 전에는 우리가 생각지도 못했던 더 깊고 친밀한 관계를 경험하게 되는 것이다. 이 사실이 너무 놀라워서 우리는 오히려 모든 사람이 과연 이런 하나님의 사랑을 느끼는지 의아하게 생각될 정도다.

※※※※※

 행여 개인적인 마음의 짐 때문에 당신의 영과 하나님의 영이 모두 사모하는 이런 친밀함의 기쁨을 누리지 못하는 일이 없게 하라. 불행하게도 내게는 아바 아버지라 부르짖지 못하게 했던 문제들이 있었다. 나는 가끔 내 간증이 주님을 믿고 나서 라이프스타일이 완전히 바뀐 마약중독자나 범죄자들의 간증과 같았으면 하는 생각을 하곤 한다. 그러나 그들과는 달리 나는 그리스도인의 가정에서 태어나 형식적인 교회생활을 하다가 고등학교 때 예수님을 인격적으로 만났다. 여러 해를 주님과 동행하던 나는 다시 옛 생활로 되돌아가기 시작했다. 예수님을 조금 더 알고 또 성령도 받았는데 다시금 죄 된 생활에 빠져든 것이다. 성령께서는 수차 깨우침을 주셨지만 나는 그것을 무시해 버렸다.

 그때 내 모습은 탕자(눅 15:11~32)와 다를 바 없었다. 돼지가 먹는 쥐엄 열매로 허기진 배를 채우며 아버지께 돌아가기만

하면 품꾼으로 살 수는 있을 텐데 하는 생각을 하던 탕자의 마음이 느껴졌다. 때로 하나님께 기도하려고 생각하면 이삼일을, 심지어는 몇 주를 망설여야 했다. 자신을 좀 추스를 시간을 갖고 싶었기 때문이다. 그렇게 하면서 나는 할 수 있는 한 종처럼 행동했고 종처럼 순종했다. 하나님과의 친밀한 관계는 유지하지 못해도 섬길 수는 있다고 생각했던 것이다.

당신도 이런 식으로 느낀 적이 있는가? 당신이 지은 죄가 너무 수치스럽게 느껴져서 될 수 있으면 하나님과 멀리 떨어져 있고 싶었던 적이 있는가?

이것이 평상시의 내 모습이었다. 한동안 나는 충성을 다하는 것으로 내 잘못에 대한 죄송한 마음을 보여주고 싶었다. 선행을 쌓음으로써 그분과의 관계회복을 원했던 것이다. 적어도 착한 종은 될 수 있다는 것을 하나님께 보여 드리고 싶었다. 그리고 나면 하나님과 다시 대화할 수 있을 만큼 착해질 수 있을 것이라고 생각했다. 그러나 하나님은 열심히 하려고 발버둥치는 종을 원하지 않으신다. 그가 원하는 것은 그가 좋은 아버지라는 사실을 내가 알게 되는 것뿐이다. 하나님은 친밀함을 원하신다.

하나님을 아직도 거리가 먼데 "그를 보고 측은히 여겨 달려가 목을 안고 입을 맞추는" 탕자의 아버지와 같은 분으로 신뢰하기 위해서는 믿음이 필요하다. 아버지는 아들에게 아무 것도 묻지 않고 그저 그가 용서받았다는 사실만을 분명히 했다. 아버지는 아들이 회한이나 참회, 죄책감에서 벗어나 아들의 신분을 회복하고 아들로서의 일상으로 돌아가기만을 고대하신다.

이처럼 성령은 계속해서 우리 마음에 증거 하신다.

> 이제 그리스도 예수 안에 있는 자에게는 결코 정죄함이 없나니 (롬 8:1)

> 어떤 피조물이라도 우리를 우리 주 그리스도 예수 안에 있는 하나님의 사랑에서 끊을 수 없으리라 (롬 8:39)

> 그는 미쁘시고 의로우사 우리 죄를 사하시며 (요일 1:9).

이 구절들은 대부분 다 외우고 있는 말씀이겠지만 이 말씀의 능력과 의미를 자주 상기해야 할 것이다. 성령의 역할 중 하나는 기억나게 하는 것이다.

하나님은 이스라엘 백성에게 "너희가 온 마음으로 나를 구하면 나를 찾을 것이요 나를 만나리라 이것은 여호와의 말씀이니라"(렘 29:13~14)라고 말씀하셨다. 최근에 당신이 전심으로 하나님을 찾은 때가 언제였는가? 물론 우리는 이스라엘 백성이 아니다. 그러나 하나님은 그의 백성들이 그를 구하며 만나기를 소원하신다. 바로 지금 다른 모든 것을 제쳐 놓고 온 마음을 다해 하나님을 찾을 수 있도록 성령께 간구하라. 어떤 고난이 올지라도 하나님과의 친밀함을 갈망한다고 아뢰라. 하나님과 이런 관계가 제대로 이루어진다면 그 이상 만족스럽고 의미 있는 일은 없을 것이다.

토마스와 젠 윤 부부   Thomas and Jen Yun

어찌나 친절하고 기쁘게 하던지 혹 가장하는 것은 아닌지 의심했던 사람을 만나 본 일이 있는가? 사실 정말 그렇게 기쁠 수 있는 사람은 세상에 아무도 없다. 그런데 자신의 결점을 인정하는 일에서라면 토마스와 젠이야말로 제일인자라 해도 손색이 없을 것이다. 사실 나는 그들에게서 결점이 더 많이 노출되기를 은근히 바랐다. 그렇게 되면 나 자신에 대한 죄책감이 좀 가벼워질 것 같았기 때문이다.

젠은 우리 교회 사무실에서 근무했다. 그런데 성령 충만하다는 말을 들을 때면 떠오르는 사람 중 하나가 바로 그녀다. 그렇다고 그녀에게 당신을 놀라게 할 만큼 이렇다 할 업적이 있는 게 아니다. 이는 그녀가 무엇을 했느냐보다 그녀의 사람됨에 있었다. 내가 어떤 사람을 말하는지 짐작할 수 있을 것이다. 그냥 그녀의 삶을 통해서 또는 그녀가 사람들을 대하는 모습을 통해서 감동을 받게 되는 그런 사람 말이다.

내가 토마스를 만나게 된 계기는, 그가 마을에 있는 멋진 고급 스테이크 하우스의 공동 소유주였기 때문이다. 한 번은 그가 우리 부부에게 사은권을 보내왔다. 이 사은권으로 우리 부부는 대부분의 목사들에게 쉽지 않은 거한 식사대접을 받게 되었다. 식사를 하는 동안 토마스는 식당 영업이 꽤 잘 된다는 얘기를 들려주었다. 그의 말에 의하면 기대했던 것 이상으로 영업이 잘되고 있었던 것이다.

향후 3년 이내에 투자원금뿐 아니라 엄청난 보너스까지 되돌려받게 될 정도였다. 그런데 문제는 하나님이 그에게 식당을 그만두라고 말씀하신 것이다. 3년 이내가 아니라 더 빠른 기간 안에 그만두라는 것이었다.

하나님의 부르심에 순종하기 위해 토마스가 거액의 수익을 포기하자 동업자는 몹시 놀랐다. 고급식당을 그만두고 나서 토마스는 지방의 한 구호 선교단체에서 일하게 되었다. 지금 그는 노숙자들과 회복 단계에 있는 마약중독자들, 재활준비 중인 사람들을 위해 요리하는 일을 하면서 노숙자들에게 요리기술을 전수하고 있다. 그리고 이들이 현지에 있는 식당에서 요리사로 일할 수 있도록 취업을 알선해 주고 있다.

  토마스와 젠은 우리 교회 식구들 중 젊은 부부이면서 성령 충만한, 성령의 인도하심에 순종하는 그런 부부다. 그들은 하나님께서 곧 해외선교로 부르시리라 믿고 기다리는 중이다. 그날이 올 때까지 이들 부부는 매일 성령의 인도하심을 따르는 삶을 추구하며 살아가고 있다.

6장
당신의 삶을 위한
하나님의 뜻은 잊어버려라!

우리 마음의 중심이 진리를 추구하고 속에서 충동이 일 때마다 부단히 거부하며 무시해 버려야 우리 안에서 꿈틀거리는 욕망에서 해방될 수 있다. 그러나 만일 내 뜻대로 계속 고집한다면 성령을 근심시키고 침묵하게 만들 뿐이다.

_ A.W. 토저

"내 인생을 위한 하나님의 뜻을 알 수만 있다면"이란 말을 얼마나 많이 들어 왔는가? 나도 전에는 몹시 알고 싶었던 게 사실이다. 그러나 이제는 그렇게 생각하거나 그렇게 말하는 것이 잘못됐다는 것을 알게 되었다.

하나님으로부터 자신의 인생 계획서를 미리 받았던 사람을 성경에서는 거의 찾아볼 수 없다(5년 계획서마저도). 아브라함을 생각해 보라! 온 가족과 더불어 그는 모든 소유를 가지고 정처 없는 길을 걷기 시작했다. 자신이 어디로 가는지 그는 알지 못했다. 또 고향에 다시 돌아오게 될는지도 몰랐다. 우리가 보통 중요하다고 생각하는 구체적인 사항(예를 들어, 목적지는 어디고 얼마나 걸릴지, 비용은 얼마나 들지, 또 보상은 있을는지, 퇴직연금 또는 건강보험은 보장될 것인지, 등)이라고는 어느 것 하나 아는 것이 없었다. 그는 하나님이 가라 하셔서 떠났고 아는 것이라고는 그게 전부였다.

나의 인생에 대한 하나님의 뜻에 대해서는 잊어버려야 한다는 것이 내 생각이다. 하나님은 우리가 내년에 무엇을 하려는지 보다 오늘 이 순간, 우리가 성령의 인도하심에 어떻게 반응하는가에 더 많은 관심이 있으시다. 사실 내년에 할 결정은 우리가 지금 당장 성령께 얼마나 순종할 것인지에 대한 오늘의 태도에 따라 막중한 영향을 받게 된다.

그래서 "나의 인생을 위한 하나님의 뜻"이란 말은 행동하지 않으려는, 심지어는 불순종의 구실로 사용되기 쉽다.

10분 안에 하나님이 원하시는 것이 무엇인지를 묻는 것보다 미래에 대한 하나님의 뜻을 생각하는 편이 훨씬 부담이 적다. 오늘 당장보다는 언젠가 하나님을 따르겠다고 해 두는 것이 훨씬 안전하기 때문이다.

솔직히 말해서, "내 인생을 위한 하나님의 뜻을 알려는"욕구가 처음에는 두려움에서 시작되는데 그것은 우리가 실수를 두려워하면서 하나님의 뜻을 알려고 초조해하기 때문이다. 하나님의 뜻을 따라 산다는 것이 어떤 것인지 또는 어떤 느낌인지 궁금해하면서도 실상은 알기를 두려워한다. 우리는 절대로 20년 동안의 활동계획을 미리 약속받지 않았다. 그렇지만 하나님은 성경을 통해서 수차에 걸쳐 결코 우리를 떠나지도 버리지도 아니하신다고 약속하신다.

하나님은 우리가 매일 같이 아니 하루 종일 성령의 음성을 듣고 민감하게 반응하기를 원하신다. 뿐만 아니라 힘들거나 긴장될 때, 혹은 속상할 때도 성령의 음성을 듣기 원하신다. 나의 바람은 "내 인생을 위한 하나님의 뜻"을 찾으려고 애쓰는 대신에 우리 각자가 "오늘 하루 나의 삶 가운데 성령의 인도하심"을 따라 사는 방법을 열심히 배우는 것이다. 거리낌 없이 열린 마음으로 기도하는 법을 배우고, 친구나 자녀, 배우자와 함께 우리의 형편과 지금 결정해야 할 문제를 놓고 성령의 인도하심에 순종하는 법을 배울 수 있기 바란다.

우리가 부름 받은 것이 "나의 삶을 위한 하나님의 뜻"을 찾아내기 위함이 아니라는 말은 하나님께 우리 각자의 삶을 위한 목적과 계획이 없다는 뜻이 아니다. 또한, 우리가 무엇을 하며 살아가든 하나님은 상관하지 않으신다는 의미도 아니다. 분명 하나님은 관여하신다. 그분은 신구약성서를 통해 이 사실을 분명하게 말씀하신다. 이 말의 요지는 하나님이 절대로 이 모든 목적을 단번에 미리 보여주겠다고 약속하지 않으셨다는 것이다.

성령과 동행하도록 부름 받았다는 사실을 우리는 알고 있다. 바울은 갈라디아 성도들에게 "내가 이르노니 너희는 성령을 좇아 행하라 그리하면 육체의 욕심을 이루지 아니하리라…… 만일 우리가 성령으로 살면 또한 성령으로 행할찌니"(갈 5:16, 25)라고 권고한다.

성령과 보조를 맞춘다는 말이나 성령과 동행한다는 말은 거의 같은 의미다. 그러면 이 말이 당신의 삶에 어떤 영향을 미치는가? 앞에서도 언급했듯이, 미래에 하나님의 계획안에 거할 거라고 말하는 것은 대개가 현재 희생적이고 성실한 삶을 살지 못하는 데 대한 변명이나 핑계라 생각된다. 즉 여기서 일종의 안전지대를 확보해 놓으려는 것이다. 그러나 그것은 거기 주저앉아 그저 "영적인" 대화랍시고 하나님이 우리 삶을 위해 계획하셨을지 모를 일들에 관해 떠벌이는 소득 없는 공간이 되기 쉽다. 이런 식으로 생각하고 의심하고 이야기하는 것은 도리어 획기적이고도 즉각적인 행동을 주도하시는 성령의 역할을 방해하는 위험성을 안고 있다. 하나님은 그의 자녀들이 삶의 모든 면에서 철저하게 성령의 능력과 임재를 의지하기 원하신다.

성경 어디에서도 우리가 흠모할 만한 이상적인 삶이 "하나님을 부분적으로 수용한 균형 있는 삶"이라는 증거를 나는 찾아보지 못했다. 우리 교회 안에도 개인의 삶에 예수님을 부분적으로 모시고 사는 사람들이 많다는 사실을 나는 알고 있다. 어떤 의미에서 이들은 예수님이 명하신 대로 그를 따라가는 것이 아니라 그들이 가는 길에 예수님이 동참해 주시고 그들이 가야 한다고 생각하는 곳으로 예수님이 따라와 주기를 요구하는 사람들이다. 그러나 우주의 주인이신 하나님은 절대로 우리의 삶 가운데 부분적으로만 모셔서는 안 되는 분이시다. 그러므로 하나님을 단지 인생의 한 부속품으로 여겨 지금까지 살아온 방식대로 살면 된다고 생각하는 것은 큰 오산이다. 예수님을 죽음에서 일으키신 성령은 살아가다가 급박한 상황을 만나 도움이 필요할 때 임시로 불러들일 수 있는 그런 분이 아니란 말이다. 우리를 따르기 위해 예수님이 십자가를 지신 것이 아니다. 예수님이 죽었다가 다시 살아나심은 우리로 하여금 다른 모든 것은 잊고 참 생명인 십자가를 지기까지 그분을 따르게 하기 위함이시다.

―――※―※―

하나님께 삶을 내드리는 이유가 지옥행 면제권을 얻기 위한 것이라면 방향 전환을 할 필요가 없다. 회개란 방향을 전환하는 것이다. 만약 당신이 "영적"인 삶을 살기 위해 예수님을 부분적으로 모시는 것이라면, 또한 단지 지옥행을 면하기 위해 하나님의 일부분만을 원한다면, 지금 당신을 위해 계획되어 있는 풍성한 삶을 놓치고 있는 것이다.

뿐만 아니라, 당신에게 성령은 필요치 않다. 당신이 추구하는 것이 그저 보통 수준의 도덕적인 생활을 유지하면서 일주일에 한 번 교회예배에 참석이나 하는 것이라면 굳이 성령을 구할 필요가 없다는 말이다. 그런 정도라면 성령 없이도 꽤 잘 나갈 수 있다. 사실 근사하게 행동하는 여러 다른 종교에 속한 다양한 부류의 사람들을 우리는 주변에서 얼마든지 보게 된다. 그러므로 당신이 진심으로 예수님을 따르기 원할 때에만 성령의 인도와 도움이 필요하다. 예수님은 말씀에 순종하고자 할 때, 성령이 필요하다는 사실을 다른 사람들에게 가르치라고 명하셨다(마 28:18~20). 당신이 진짜 죄를 회개하고 예수를 믿었다면 반드시 당신 안에 성령이 임재하셔야 한다. 예수님의 부활뿐 아니라 고난과 죽음에도 참여하도록 부름 받았다는 사실을 깨닫는다면 비로소 당신에게도 성령이 필요한 것이다(롬 8:17; 고후 4:16~18; 빌 3:10~11).

> 우리가 이 보배를 질그릇에 가졌으니 이는 심히 큰 능력은 하나님께 있고 우리에게 있지 아니함을 알게 하려 함이라 우리가 사방으로 우겨쌈을 당하여도 싸이지 아니하며 답답한 일을 당하여도 낙심하지 아니하며 박해를 받아도 버린 바 되지 아니하며 거꾸러뜨림을 당하여도 망하지 아니하고 우리가 항상 예수의 죽음을 몸에 짊어짐은 예수의 생명이 또한 우리 몸에 나타나게 하려 함이라 우리 살아 있는 자가 항상 예수를 위하여 죽음에 넘겨짐은 예수의 생명이 또한 우리 죽을 육체에 나타나게 하려 함이라 (고후 4:7~11)

당신이 지금까지 살아왔던 죄의 길에서 돌아서서 완전히 다른 생명의 길로 들어섰다면 당신에겐 성령이 절대적으로 필요하다. 당신 안에 성령이 없으면 이 생명의 삶을 살 수 없기 때문이다.

※※※

회개라는 말은 우리가 많이 듣는 말이지만 대개는 우리의 실생활과 동떨어져 있는 것 같다. 회개라는 말을 할 때면 생각나는 일이 있는데 그것은 내가 한 여성과 사귀고 있을 때의 이야기다. 어느 날, 리사라는 독창자가 우리 교회의 초청으로 왔는데 처음 보는 순간 내 마음이 그녀에게 끌리기 시작했다. 그녀를 점점 더 알게 되면서 내가 정말 일생을 함께 하고 싶은 상대는 그녀라는 것을 깨닫게 되었다. 그런데 데이트를 시작하기 위해 그녀도 나와의 사귐을 원하는지를 물을 필요는 없었다. 내가 리사와 진정한 사귐을 갖기 원한다면 내가 먼저 지금까지 맺고 있던 다른 사람과의 관계부터 청산해야 한다는 것을 알았기 때문이다.

어떤 의미에서 이는 우리가 예수님을 인격적으로 만났을 때 회개가 의미하는 것과 비슷하다. 우리는 전격적으로 방향을 전환해야 한다.

혹자는 예수님을 대면하고 나서 이렇게 말한다. "온유하신 예수님, 이러이러한 죄와 저런 중독, 이런 파괴적인 관계가 있는 나의 인생파티에 오셔서 우리와 더불어 살아가지 않으시겠어요?"라고 말이다. 그러나 회개란 "사랑하는 예수님, 당신은 내 일생일대 최고의 사건입니다. 모든 것을 버리고 당신과 동행하길 원합니다. 오직 당신과 함께요. 이제 당신은 나의 생명이십니다. 이 세상 허무한 것에 매어 종노릇하던 나를 건져 주시옵소서."라고 말하는 것이다.

당신은 이 두 경우에서의 차이점을 발견하는가? 어느 쪽이 정확하게 당신의 삶을 대변한다고 생각하는가? 당신을 위해 돌아가신 예수 그리스도와 바른 관계를 맺기 위해 당신이 버려야 할 것이 있는가? 그렇다면 주저 말고 지금 책을 덮고 이 문제 해결을 위해 시간을 낼 것을 권한다. 이보다 더 중요한 문제가 없기 때문이다.

그러므로 하나님이 의도하시는 것은 우리 삶에 영적인 모습을 조금 더 보태는 것이 아니라 우리가 모든 것을 포기하고 그분의 십자가를 지는 것이다(눅 9:23).

요즈음은 "자기 십자가를 진다"라는 말이 흔히 일상생활에서 오는 일반적인 부담이나 짐들을 적당한 수준에서 좋게좋게 해결한다는 뜻으로 변질된 것처럼 보인다. 그런데 일상생활의 부담이란 바쁜 일정이라든지 청구서, 질병, 결정하기 어려운 문제들, 대학 등록금, 실직, 안 팔리는 집, 애완견의 죽음 등 예수님의 길을 따라가는 사람이든 아니든 인생을 살아가노라면 누구나가 겪게 되는 일반적인 짐들이다.

예수님이 우리를 부르시고 십자가를 지라고 하실 때 그분은 일상적인 삶의 짐들을 말씀하시는 것이 아니라 그 이상의 것을 의미하신다. 예수님 당시의 사람들에게 십자가는 전혀 생소한 것이 아니다. 십자가 사건을 직접 목격했기 때문에 십자가를 지려면 헌신과 희생이 따른다는 것을 그들은 알고 있었다.

이는 철저한 믿음으로의 부르심이다.

예수님은 모든 고난을 기쁘게 감당하며 복음을 위해 모든 것을 포기하라고 우리를 부르신 것이다. 그의 부르심은 사업상 우리를 속이는 사람이나 우리에 대해 추잡한 소문을 퍼뜨리는 사람, 할 수만 있으면 우리를 해코지 하는 사람, 정치적으로나 실제적인 면에서 근본적으로 우리와 대립하는 사람을 사랑하는 것이다. 그의 부르심은 그를 위해 모든 손해를 감수하는 것이다. 그의 부르심은 철저한 굴복을 위해서다. 그는 우리가 가진 모든 것을 포기하고 삶을 산 제물로 드리는 데까지 헌신하라고 우리를 부르신다. 그의 부르심은 우리의 연약함 속에 그의 능력이 온전해지고, 우리가 약한 그때 강함(고후 12:9~10)을 깨닫는 것을 의미한다.

예수님이 헌금함에 예물을 넣는 사람들을 지켜보신 장면을 기억하는가? 부자들이 먼저 예물을 넣었는데 상당히 많은 액수였던 것 같다. 그런데 예수님은 동전 2개를 헌금함에 넣은 한 과부(본문마저 "가난한 과부"라고 기록했을 정도다)를 지목하셨다. 이 장면에서 예수님이 하신 말씀에 주목하라.

> 내가 참으로 너희에게 말하노니 이 가난한 과부가 다른 모든 사람보다 많이 넣었도다 저들은 그 풍족한 중에서 헌금을 넣었거니와 이 과부는 그 가난한 중에서 자기가 가지고 있는 생활비 전부를 넣었느니라 (눅 21:3~4).

예수님은 세상의 권력자와 재력가들이 무시하고 심지어 조롱하는 이 과부를 칭찬하셨다. 예수님은 아무것도 남겨 두지 않는 그녀의 혁명적인 믿음을 칭찬하셨다. 그녀는 다른 수입원이나 후원이 없는 "가난한 과부"였지만 가진 것 전부를 드린 것이다. 그러므로 예수님은 이 여인을 높여 주심으로 본을 보여 주셨다.

당신의 소유 전부를 바치라는 성령의 음성을 당신이 들었다면 어떻겠는가? 모든 소유를 팔아 가난한 자들에게 나누어 주라고 하셨다면 당신은 어떻게 하겠는가? 과연 그렇게 할 수 있겠는가? 성령이 절대 그렇게 하실 리가 없다며 서둘러 변명을 늘어놓기에 앞서 한 번 생각해 보고 나서 솔직하게 대답해 보라.

당신의 경우는 모르지만, 이는 내게 엄청난 도전이 아닐 수 없다. 하나님께 모든 것을 드리고 또 진심으로 나 자신을 성령의 인도하심에 맡긴다는 것이 현실적으로 무슨 의미인지를 생각하면 약간은 망설이게 된다. 이 땅에 살면서 내게도 진짜 즐기는 것들이 있다. 서핑이라든지 골프, 외식, 친구들과 기쁨을 나누는 일들 말이다. 물론 당신이 무슨 생각을 하는지 알 것 같다. 그런 것들은 죄가 아니라고? 맞는 말이다. 그러나 그렇다고 해도 성령이 나로 하여금 그분의 목적과 아버지의 영광을 위해서 이런 것들을 가끔 못하게 하신다든지 아니면 완전히 그만두게 하실 수도 있다.

사실 나는 순간순간을 성령과 동행하기 위해 몸부림친다. 정말 모든 것에 굴복하고 모든 것을 포기한다는 것은 무척 겁나는 일이다. 그러나 곰곰이 생각해 보면 성령의 인도하심에 역행해가며 나의 지혜를 따라 산다는 것은 더욱 끔찍한 일이다. 결국, 내가 원하는 것은 이 세상에 살아 숨 쉬는 동안 매 순간을 온전히 성령께 굴복하고 모든 것을 포기하는 삶이다. 그것 외에는 아무것도 없음을 나는 알고 있다.

성령이 내게 철저한 경제적 희생을 요구하실지 모른다. 혹은 나를 주위 사람들이 보기에 굴욕적인 상황에 처하게 하실 수도 있다. 혹 성령이 내게 다른 도시, 다른 지역, 다른 나라에 가라고 명하실 수도 있고 아니면 지금 있는 이곳에 머물면서 지금과는 전혀 다른 방식으로 살아가라고 요구하실지도 모르겠다. 사무엘하 6장에 보면 다윗이 여호와 앞에서 "힘을 다하여"(14절) 춤을 추는(그때에 다윗이 "베 에봇"을 입었다고 했는데, 이는 제사장의 속옷과 같은 것이다) 장면이 나오는데 내게 그와 같은 행동을 명하실 수도 있다. 다른 사람들은 다윗이 채신없이 하나님을 예배하는 모습에 수치를 느꼈지만, 그는 개의치 않았다. 심지어 그는 여호와를 위해서라면 이보다 더 비천하게 될 것이라고 고백했다. 그의 관심은 오직 하나님을 경배하는 일뿐이었다.

―※ ❀ ※―

이 이야기를 읽으면서 내 속 어딘 가에서 "그래, 나도 다윗처럼 살고 싶어. 다른 사람이야 어떻게 생각하든 상관하지 않고 온몸 드려 나의 왕을 경배하기 원해."라는 음성이 들린다. 그런데 또 다른 한구석에서는 "좋아, 그렇다면 실제로 그 꼴은 어떻고?"하는 소리도 들린다. 성령이 역사하실 때 어떻게 하면 주위의 곱지 않은 시선을 의식하지 않고 모든 것을 포기한 채 진정 내가 원하는 대로 춤추면서 성령과 동행할 수 있을까? 정말로 다른 사람이 나를 어떻게 생각하는지 개의치 말아야 하나?

내가 믿는바, 여기서의 핵심은 성령 충만은 일회적 사건이 아니라는 사실을 깨닫는 것이다. 갈라디아서에서 성령과 육체에 관해 읽은 바와 같이 성령과의 동행은 지속적인 관계임을 암시한다. 성령 충만은 우리가 예수님을 처음 만난 그날 하루로 끝나는 것이 아니다. 오히려 성경 전체를 통해 알 수 있는 것은 우리로 하여금 적극적으로 성령을 추구하게 만드는 지속적인 관계라는 것이다.

그리스도인은 절대로 성령을 잃어버리지 않는다. 그러나 성령 충만은 계속해서 추구해야 하는 것이다. 성결케 되는 작업은 우리가 평생토록 싸워 가야 하는 과정이다. 고린도후서 3장 18절은 "우리가 다 수건을 벗은 얼굴로 거울을 보는 것 같이 주의 영광을 보매 그와 같은 형상으로 변화하여 영광에서 영광에 이르니 곧 주의 영으로 말미암음이니라"라고 했다(참조:

살후 2:13; 롬 15:16).

체중조절을 위해 내가 트레이드밀(걷거나 달리기용 운동기구)을 구입했다고 상상해 보자. 3개월 후, 이 운동기구를 그 가게에 도로 가지고 가서 500g도 줄지 않았다며 효능 없는 기구라고 불평을 한다. 그러자 점원은 "뭐가 문제인가요? 제대로 작동을 해 보셨습니까?"라고 묻는다. 그런데 내 대답이 "작동되는지 모르겠는데요. 그 운동기구 위에 서서 달려보지 않았거든요. 내가 아는 건 전혀 체중이 줄지 않았다는 사실입니다. 그러니 전 이 운동기구가 필요 없다고요!"라고 말한다면 무슨 그런 예화가 있느냐고 할지 모르지만, 내용을 좀 바꾸어보면 곧 비슷한 얘기로 들릴 것이다. "성령께 육체의 유혹으로부터 나를 해방시켜 달라고 기도해 왔지만, 나는 여전히 음란물에 중독돼 있습니다." 또는 "아버지를 용서하게 해 달라고 수년 동안이나 기도해 왔지만 저는 아직도 지난 30년간의 분노와 회한에 싸여 있습니다." "수년 동안 제 폭식습관을 끊게 해 달라고 기도해 왔는데 그 많은 중보기도며 다이어트에도 저는 여전히 충동적이고 불량한 식생활습관을 버리지 못했습니다." 당신을 끈질기게 괴롭히는 이 같은 구체적인 죄의 예를 들어보면 위의 운동기구 예화가 그렇게 엉터리같이 들리지는 않을 것이다. 사실 체중감량에 전혀 도움이 되지 못한 트레이드밀과 같은 식으로 상습적인 죄에서 해방시켜 달라는 기도들이 "이루어"지지 않았다.

  일반적으로 기도응답으로 받은 자유함이나 치유는 당신이 단지 소극적인 자세로 앉아 있는 상황에서 그냥 이루어진 일이 아니다. 하나님은 때로는 이런 식으로 사람을 즉석에서 완치시키거나 해방시키기도 하신다. 능히 그렇게 하실 수 있는 분이시기 때문이다. 그러나 내 경험에 의하면 하나님은 완전함을 추구해 가는 과정에서 우리의 적극적인 역할을 요구하신다. 하나님은 우리의 도움이 필요한 분은 아니지만, 우리의 적극적인 참여를 요구하신다. 우리가 자유함을 얻기 위해서는 시간이 필요하다. 이 과정이 때로는 매우 긴 시간을 요하는데 그때 우리는 인내하면서 적극적으로 참여해야 한다. 우리가 일단 운동기구 위에 올라서서 달려야 하는 것이지 운동기구를 그저 쳐다보는 것만으로 되는 일은 없다(롬 12:1과 살전 5:19을 참조하라).

※ ✽ ※

  당신은 오랫동안 죄의 싸이클에 얽매인 적이 있는가? 내 삶에서 성령은 역사하지도 않고 또 자유를 줄 능력도 없다며 성령을 포기하거나 체념한 적은 없는가? 만일 그랬다면 성령과 동행한다고 할 때 당신이 취해야 할 행동을 실천하지 않았기 때문일 것이다.

사실 성령과 보조를 맞춘다는 것은 그의 음성을 듣고 그에게 순종하는 일이므로 당신이 그렇게 할 때 비로소 죄로부터 멀어지게 된다(갈 5:16). 어느 한 순간이라도 성령의 능력 안에 살면서 동시에 죄를 짓는 일은 불가능하다. 죄는 모든 면에서 성령과 역행한다. 죄와 성령은 상호 배타적이고 서로 완전히 반대되는 입장에 서 있다.

그러나 죄를 지었다고 해서 당신 안에 성령이 계시지 않다거나 당신이 예수님을 따르지 않는 자라는 말이 아니다. 이는 당신이 죄를 범하고 있으면서 동시에 성령의 권위에 순복할 수 없다는 의미이다. 성령은 여전히 당신 안에 계시지만 당신이 얼마든지 그분의 충고를 짓누르거나 무시해 버릴 수 있다는 뜻이기도 하다.

그러나 이런 와중에도 우리에게 희망이 있는 것은 우리가 성령을 무시하고 죄를 범할 때에도 성령이 우리의 죄를 깨우쳐 주시기 때문이다. 이때는 우리가 죄를 지을지라도 전처럼 완전히 죄의 지배를 당하거나 죄의 종이 되지는 않는다. 이는 우리 삶 가운데 죄의 권세가 무너졌기 때문이다. 그리고 성령에 대해 민감할 때 우리는 이 자유함의 실체를 기억하게 된다.

성령과 동행하지 않는 사람에게서 나타나는 현상은 분노와 이기심, 불화, 원한, 그리고 시기 같은 것들이다. 그러나 사람이 습관적으로나 적극적으로 성령께 굴복할 때 삶에서 나타나는 것은 성령의 열매이다. 성령은 당신을 죄 가운데로 인도하지도 않고 또 그렇게 할 수도 없다. 그러므로 당신 안에 성령이 거하심에도 당신이 죄를 범한다면 이는 당신이 성령의 인도에 순종하지 않는 것이다.

※ ※ ※ ※ ※

날마다 성령과 동행하는 사람을 만나 본 일이 있는가? 왠지 모르게 그들에게서 인간적으로는 불가능한 정도의 정중함과 평온함이 물씬 풍기지 않는가? 당신은 그런 삶을 원하지 않는가? 내 말은 어떤 사람이 스트레스 받고 화내고 이기적인 사람이 되기를 원하겠느냐는 얘기다. 누구라도 그런 사람을 만나면 유쾌할 수 없기 때문이다.

매일 성령과 동행하는 사람에 대해 생각하면 떠오르는 얼굴이 있다. 이때 우리는 먼저 자신을 그 얼굴들과 비교하면서 다음과 같은 내면의 소리를 듣게 된다. "그래, 분명 그 사람보다

야 내가 좀 더 성령의 인도하심을 받는 편이지…….″

　다른 사람들이 성령과 동행하는지 판단하느라(이는 분명히 우리 몫이 아니다) 시간을 낭비하지 말고 먼저 자신을 성찰해 보라고 권하고 싶다. 당신 자신의 삶에 드러난 "열매"를 살펴보면서 성령과 당신의 친밀도를 측정 기준으로 삼으라. 당신이 성령의 음성에 민감하면 우체국에 갔을 때 차례를 기다리는 동안 혹시 성령께서 당신 앞에 서 있는 연세가 지긋한 부인에게 말을 걸라고 하실지도 모른다. 예산을 짤 때 성령의 인도하심을 따르는가? 그렇다면 그분이 개입하지 않았을 때와는 전혀 다른 예산편성이 될 것이다. 가족들과 시간을 보낼 때 성령께 복종하는가? 대개 사랑하기 힘든 대상이 오히려 가족이라고들 한다. 그러므로 그들을 제대로 사랑하려면 성령의 도움이 필요하다. 이것들은 성령의 인도에 순복할 수 있는 수많은 삶의 영역 가운데 몇 가지 예에 불과하다. 성령의 뜻과 음성에 반응하지 않고 마음대로 행동하기 쉬운 부분을 위해 별도의 시간을 내서 곰곰이 생각해 보라.

　성령으로 사는 삶은 습관적이고 지속적이며 성령과의 적극적인 상호 작용을 전제로 한다. 상당히 힘든 것처럼 들리겠지만 그렇지가 않다. 이런 삶과 행동은 모두 성령의 능력으로만 가능한 것이기 때문이다. 이와 같은 삶은 당신의 힘으로 되는 것이 아니다.

그러나 이것은 다소 혼란스러운 쟁점을 불러온다. 즉 이것이 하나님의 일인가 내 일인가? 하나님의 책임인가 내 책임인가? 바울이 갈라디아 성도들에게 편지를 쓸 때 이것을 언급했다. 그는 누가 그들을 미혹했는지 물으면서 그들을 책망했다.

> 너희가 이같이 어리석으냐 성령으로 시작하였다가 이제는 육체로 마치겠느냐 (갈 3:3)

우리에게는 성령의 통제권을 쟁취해서 자기 마음대로의 삶을 살아보려는 성향을 지니고 있다. 그래서 은혜의 복음으로 사는 삶을 행위에 중점을 두는 삶으로 전향하려는 경향이 있다. 이것이 바로 바울이 갈라디아 교회에 이 문제를 제기한 이유이다. 성령의 지지와 인도하심에 의존하는 것이 오히려 자신의 지혜와 노력에 의존하는 것보다 어렵다는 것을 그는 알고 있었다.

운동기구 예화를 생각해 보라. 공로나 자격으로 얻을 수 없는 은혜의 복음이 어떻게 우리의 전통적인 행위개념과 조화를 이룰지 궁금할 것이다. 가령 내가 식빵을 만드는데 당신이 내게 "이스트와 밀가루 중, 어느 것이 더 중요한 재료인가요?"라고 묻는다고 가정해 보자. 방금 구어 낸 따끈따끈한 식빵을 쳐다보며 이 두 가지가 식빵의 기본재료라고 대답할 것이다. 이스트와 밀가루가 없으면 아예 빵을 만들 수 없기 때문이다.

이 예화에서 우리의 영적 생활과 비슷한 점을 발견하게 된다. 우리가 하나님께 전혀 반응하지 않았다면, 그리고 주님이 우리를 위해 행하신 일을 근거로 우리가 행동하지 않았다면 우리 자신과 하나님과의 관계는 형성될 수 없었을 것이다. 그러나 아직도 하나님은 살아계셔서 역사하신다. 또한, 그분이 이루신 일 때문에 어느 시점에 가서는 우리도 반응하고 행동을 해야 한다. 이스트와 밀가루가 빵의 필수 재료인 것과 마찬가지로 하나님의 행동과 우리의 반응은 하나님과의 관계에 필수적인 요소다.

빌립보서에서 바울은 "그러므로 나의 사랑하는 자들아 너희가 나 있을 때뿐 아니라 더욱 지금 나 없을 때에도 항상 복종하여 두렵고 떨림으로 너희 구원을 이루라 너희 안에서 행하시는 이는 하나님이시니 자기의 기쁘신 뜻을 위하여 너희에게 소원을 두고 행하게 하시나니"(빌 2:12)라고 말했다. 이 말씀에서 드러나는 분명한 모순에 우리는 관심을 가져야 한다. 앞부분에서 바울은 "너희 구원을 이루라"라고 한 다음, 이어서 "너희 안에서 행하시는 이는 하나님이시니"라고 했다. 여기서 드러나는 양면성 때문에 우리는 잠시 혼란에 빠질 수 있다. 그렇다. 당신 안에서 일하시는 분은 하나님이시다. 그런데 거기에 당신이 해야 할 일이 있다는 것도 맞는 말이다. 그리고 성령께서 그 일을 할 수 있도록 당신에게 능력을 부어주신다. 그러므로 당신이 그 일을 한다는 것도 맞는 말이다.

인생의 많은 문제들과 마찬가지로 진짜 한 방에 끝낼 수 있는 해결책이란 없다. 그런데 나는 그걸 좋아한다. 하나님은 너무도 크고 신비스런 분이기 때문에 우리는 이런 과정을 통해 얻게 되는 결론을 쉽게 예단해서는 안 된다. 그보다는 어떻게 오늘 하루를 성령 충만한 삶으로 채울 것인지를 집중해서 추구해야 한다. 이것은 내일로 미룰 일이 아니다. 성령 충만은 지금 당장 우리가 있는 바로 이 시간, 이 자리에서 필요한 것이다. 우리가 우리의 구원을 이루어감에 따라 하나님께서 우리 안에서 행하시는 것이다. 성령님과 보조를 맞추도록 하자.

데이브 필립스   Dave Phillips

몇 년 전, 데이브 필립스와 그의 아내 린이 그들의 마음을 움직인 하나님의 소명에 대한 이야기를 들려준 적이 있다. 그들 부부는 서로 가장 흥분했던 점에 대해 얘기를 나눈 후, 고통당하는 어린이들을 후원하며 이들 차세대에게 복음을 전하는 일이 최우선해야 할 사명이라는 데 뜻을 같이했다. 구호기관 설립에 대해 구상을 하던 중 데이브는 문득 "그렇다면, 그 일은 내가 사람들 앞에서 말을 해야 한다는 얘긴데"라는 생각이 들었다. 데이브는 본래 사람들 앞에 나서기를 꺼리는 조용하고 내성적인 사람이다.

많은 기도 끝에, 데이브는 두려움을 내려놓았다. 그리고는 차고에서 기아 아동 구호기금(Children's Hunger Fund)이라는 기구를 시작하기로 했다. 그래서 1992년 1월 기아 아동 구호기금을 발족시키고 6주가 지난 후, 온두라스에 있는 한 암 진료 센터 책임자로부터 한 통의 전화를 받았는데 그 전화 내용은 7명의 어린이가 지금 투병 중인데 어떤 한 가지 약을 구하지 못하면 살 길이 없다면서 그 약을 구할 수 있는 방법이 없겠느냐는 것이었다. 데이브는 급히 약 이름을 받아 적으면서 어떻게 그 약을 구할 수 있을지 전혀 생각이 떠오르지 않는다고 했다. 그리고는 즉시 전화를 붙들고 그들과 함께 하나님께서 공급해 주시기를 간절히 기도했다.

데이브가 전화 수화기를 내려놓기가 무섭게 다시 전화벨이 울렸다. 뉴저지에 있는 한 제약회사에서 온 전화였다. 온두라스에서 필요하다는 바로 그 약이 물약으로 4만 8천 개가 있는데 어디 사용할 곳이 있는지 묻는 전화였다. 미화 8백만 달러에 해당하는 이 약을 제공해 줄 뿐 아니라 군용기 편으로 세계 어느 곳이든 운송해 주겠다고 했다. 이 회사는 미국에 있는 제약회사 중에서 이 약을 제조하는 단 두 개의 회사 중 하나라는 사실을 나중에 알게 되었다.

데이브는 48시간 내에 온두라스에 있는 그 암치료센터와 그 외 다른 20개 지역에 이 약품을 보낼 수 있었다. 이 사건으로 인해 하나님이 그를 이 사역으로 부르셨음을 확신함은 물론 하나님이 일하고 계시다는 사실을 확실히 믿게 되었다.

해를 거듭하면서 하나님은 계속 기적적인 방법으로 그들의 필요를 공급해 주셨다. 현재까지 그들은 70개국의 천만이 넘는 어린이들에게 9억 5천만 달러에 상당하는 식량과 다른 구호품을 공급해 왔다. 이 기아 아동 구호기금을 통해 하나님은 67,500톤의 식량과 1억 1천 점의 장난감을 각처에 공급하게 해주셨다.

이 기아 아동 구호기금(CHF)의 특기할 만한 사항으로는 미국을 비롯한 다른 여러 나라 지역교회의 자원봉사자들을 훈련해서 가가호호 방문을 통해 음식을 배달한다는 점이다. 이들은 가정 방문을 통해 극빈자들을 선별하고 음식물뿐 아니라 사랑과 복음을 전하고 있다. 경제전문사이트 포브스닷컴은 지속적으로 CHF를 미국 내 가장 효율적인 자선단체 1위로 평가하고 있다.

이 이야기의 백미는 당신이 만일 데이브를 만나 본다면 절대 그를 주요기관의 CEO라고는 상상할 수 없을 것이라는 데 있다. 그는 큰 조직을 이끌만한 타입이 전혀 아닌 극히 조용하고 온유한 사람이다. 그의 저력은 결코 타고난 재능에서 비롯된 것이 아니다. 이는 헌신적인 기도생활에서 온 것이다. 데이브의 가까운 친구로서 나는 그를 만날 때마다 함께 기도하는 시간을 갖지 않고 헤어진 적이 한 번이라도 있었는지 기억하지 못한다.

  데이브는 진정 우리가 사모해야 할 바로 그런 삶을 살고 있다. 그런데 더 놀라운 사실은 우리도 이와 같은 삶을 살 수 있다는 것이다. 우리가 세상이 놀랄만한 일을 이루었을 때 사람들로 하여금 그것이 우리 자신의 힘으로 이루어진 것이 아님을 인정하게 만드는, 그래서 오로지 하늘에 계신 하나님께만 영광을 돌리게 하는 그런 삶 말이다.

7장
초자연적인 교회

우리 몸에 영혼이 있듯이 그리스도의 몸에는 성령이 있는데, 이 그리스도의 몸이 곧 교회이다.

_ 어거스틴

연예인이나 카리스마가 있는 지도자들은 군중을 끌어모을 수 있는 능력을 지니고 있다는데 당신도 동의하리라 믿는다. 괜찮다 싶은 독창적인 연예인 그룹이나 대중음악가나 명강사들을 찾아보라. 그러면 당신은 어떤 교회든 부흥시킬 수 있다. 이런 경우, 굳이 교회로 제한할 필요는 없다. 성령만 의지하겠다는 확고한 결단 없이도 우리는 어디서든 많은 일을 해낼 수 있다. 사실 성령이 없다고 해서 당장 숨이 넘어가지는 않을 것이다. 내 말의 요지는 많은 사람들이 모이는 열정적인 모임이라고 해서 반드시 성령이 역사하신 결과는 아니라는 것이다.

우리에게는 모두 저마다 타고난 소질과 취향과 "재능 있는" 분야가 있게 마련이다(물론 이런 재능 역시 궁극적으로는 하나님께로부터 온 것이다). 그림에 소질이 있는 한 친구가 있는데 나는 그의 그림 감상하기를 좋아한다. 우리 중에서도 예능방면에 관심이 많은 이들은 멋진 예술품을 보면 그것에 완전히 매료될 것이다. 어떤 이들은 특별히 사람을 잘 다루는 소질이 있어서 그와 같은 재능이 필요한 다양한 직종에서 두각을 나타내는 것을 본다. 또 어떤 이들은 무슨 상품이든 판매에서 남다른 수완을 보이기도 한다. 그런가 하면 개중에는 교회를 부흥시키는 재주가 있는 사람들도 있다.

얼마 전, 예배 중 교인들에게 내가 성공적인 보험판매원이 될 수 있겠느냐고 물어본 일이 있다. 이런 질문을 한 데는 그럴 만한 이유가 있다. 선천적인 내 기질이 다분히 사람들과 접촉하며 대화하는 일과 연관돼 있음을 알기 때문이다. 우리 모두에게는 자연스럽게 끌리는 직업이 있기 마련이다. 나는 태생적으로 훈련만 좀 받았다면 보험사원이 되었을 가능성이 농후하다. 뿐만 아니라 내 힘만으로도 꽤 괜찮다 싶은 교회 하나쯤은 아마 "이루어 낼" 수 있었을지 모른다. 그러나 누가 그런 걸 원하며 누구에게 그런 것이 필요하겠는가?

나는 성령을 배제하고도 설명될 수 있는 삶을 원치 않는다. 나의 삶을 지켜보는 이들이 나 자신의 힘으로는 불가능한 일임을 알게 되기를 소망한다. 그래서 성령의 역사를 사모하는 그런 삶을 살고 싶은 것이다. 성령이 역사하지 않는다면 나는 망한 것이나 다름없다(이런 표현은 쓰지 말았어야 했을지도 모르지만, 이것이 내 솔직한 심정이다).

※ ※ ※

한 때는 나도 내 설교를 들으려고 모여오는 군중을 바라보며 흥분했던 적이 있었다. 다행히 그런 날들이 오래전에 사라졌다. 내가 알거니와 이제는 더 이상 내 힘으로가 아닌, 속일 수도 없고 또 인간의 이성으로는 도저히 설명할 수 없는 일을 하나님의 영이 행하시기를 진심으로 소망한다.

내가 믿기로 하나님은 내가 누구든 세상의 관점에서 이해되고 용납되는 방법이나 내가 "경영"할 수 있는 방법으로 살기를 원치 않으신다. 그보다는 하나님이 우리를 부르시고 우리가 하나님만을 의지함으로 모방할 수도, 위조할 수도 없는 방식으로 살아가라고 명하셨음을 믿는다. 그는 우리가 단지 타고난 재능이나 지식을 의지하기보다 도리어 성령과 동행하기를 더 원하시는 것이다.

그럼에도 이런 삶을 살기는커녕, 우리는 성령을 의지하지 않는 교회 브랜드를 만들어놓고 그 안에서 그리스도의 제자가 아닌 단순한 추종자들을 중심으로 새로운 그리스도인들의 문화를 만들어 내고 있다. 그러다 보니 그리스도를 따르지 않는 새로운 "제자" 그룹을 형성하게 되었다. 만약 하나님이 원하시는 교회가 고작 명목상의 교인들로서 교회당의 의자만 가득 채우면 되는 그런 교회라면 우리는 아무렇게나 해도 무방할 것이다. 오히려 우리들 대부분은 그 면에서 적잖이 자신감을 느낄 것이다. 그러나 단순히 훌륭한 설교자, 간결하고 열정적인 예배, 멋진 인테리어, 그 외에 이벤트나 프로그램을 추가한다 해서 "좋은" 교회나 "성공적인" 교회가 될 수 있는 것은 아니다. 하나님은 그의 이름을 시인하는 그의 신부를 통해 훨씬 많은 것들을 계획하셨다.

하나님은 숫자에 관심이 없으신 분이시다. 하나님은 그의 신부인 교회의 규모보다는 충성심에 더 관심이 있으시다. 하나님을 진정으로 사랑하는 자들인지에 더 관심을 갖고 계시는 것이다. 웃기는 얘기를 하고 멋진 영상물을 보여줌으로써 사람들을 교회로 모을 수는 있겠지만, 그것으로 사람들을 예수님께 밀착시킬 수는 없는 일이다. 또한 나는 정형화된 기도를 따라 하게 할 수는 있지만 아무에게도 예수님과 사랑에 빠지라고 설득할 수는 없다. 그렇다고 내가 누군가를 복음으로 설득해서 믿게 할 수 있는 것도 아니다. 이는 오직 성령께서만 할 수 있는 일이다. 아무리 궁리를 해 봐도 내게 절대적으로 필요한 것은 성령이다.

때로 나는 기독교 행사장을 빠져나오면서 이런 생각을 떨쳐 버릴 수 없을 때가 있다. 즉 우리가 열왕기상 18장에 나오는 하나님의 선지자 엘리야를 닮기보다 바알의 선지자들을 더 많이 닮은 게 아닌가 하는 생각 말이다.

이 내용이 잘 생각나지 않는다면 지금 18장을 읽어 보는 게 좋겠다. 그렇지 않으면 본 장 나머지 부분을 이해하기가 쉽지 않을 것이다. 바알의 선지자들이 모여 아침부터 저녁까지 큰 소리를 지르며 열정적인 제사를 드렸다. 제사를 마친 다음 그들은 한바탕 신나는 교제의 시간(그렇게 말할 수 있다고 생각한다)을 가졌지만 "응답하는 자나 돌아보는 자가 아무도" 없었다(18:29). 그 후에 엘리야가 기도를 드렸다. 하나님이 그의 기도를 들으셨고 하늘에서 불이 내려왔다.

이 이야기에서 내가 가장 좋아하는 장면은 모든 것이 끝나고 바알 선지자들이 "여호와 그는 하나님이시로다 여호와 그는 하나님이시로다"라고 고백할 때다. 그들은 "엘리야는 대단한 연설가다."라든가 혹은 "엘리야야 말로 진짜 하나님을 동원하는 방법을 아는 사람이다."라고 말하지 않았다. 그들은 하나님으로 인하여 탄복했으며 하나님의 권능에 압도되었다. 그들은 자신들이 경험한 일이 엘리야가 연출하거나 조종할 수 있었던 일이 아님을 알았다. 그날 그들은 하나님의 능력을 경험한 것이다.

이런 일이 당신이 참석한 기독교 모임에서도 일어나고 있는가? 노래하고 춤추는 흥분 속에서 우리는 멋진 시간을 만끽할 수 있다. 그러나 그 끝에 하늘에서 내리는 불은 없다. 사람들은 하나님의 권능보다는 집회를 인도한 사람들에 대해 이야기를 하면서 자리를 떠나는 경우가 허다하다.

※ ※ ※ ※ ※

마찬가지로 이 원리는 우리 개인적인 삶의 방식에도 적용된다. 사람들이 우리 삶 속에 일어나는 변화를 볼 때 그들 입에서 "여호와 그는 하나님이시로다!"라는 고백이 나올 수 있어야 한다.

누군가 당신에게서 느껴지는 평안이나 사랑, 기쁨 때문에 감탄한 적이 있는가? 그들이 당신의 자제력에 부러움을 느끼는가? 오직 성령으로만 변화될 수 있다는 사실을 사람들이 알도록 당신을 성령으로 채워달라고 간구해 본 적이 있는가? 진정한 평안과 소망이 우리 안에 충만할 때 사람들은 우리에게 뭔가 다른 것이 있음을 주목하게 된다. 그런데 우리에게 평강(롬 14:17)과 소망(롬 15:13)을 주시는 분은 성령이시다.

하나님의 자녀 된 우리를 위한 계획은 "죄로 물든 육체를 따라" 사는 것이 아니라는데 우리 모두가 동의할 수 있으리라 생각된다. 하지만 살아가면서 어려운 문제나 상황을 만나면 대개 성령 없이 사는 사람들과 거의 같은 방식으로 해결하려고 한다. 불신자들과 다른 점이라고는 찾아볼 수 없고 그들과 똑같이 염려하고 똑같이 애쓰며 똑같이 슬퍼한다. 물론 우리도 다른 사람과 마찬가지로 별수 없는 인간이지만, 우리 안에는 하나님의 영이 계신 것이 분명하지 않은가? 그렇다면 의식적이든 아니든 간에 근본적으로 우리는 하나님께 이렇게 말하고 있는 것이다. "저는요, 하나님께서 그리스도를 죽음에서 일으키셨다는 걸 알아요. 하지만 사실 제 문제는 너무 커요. 그래서 제 문제는 제가 알아서 처리해야 겠어요."라고 말이다.

이처럼 일상생활 속에서 당면하는 문제들을 자기 힘으로 해결해 보려고 안간힘을 쓰는 우리의 모습은 다분히 바알 선지자들을 닮았다고 할 수 있다. 만군의 여호와 하나님의 권능을 신뢰하면서 차분히 기다리지 못하고, 미친 듯이 동분서주하고 있으니 말이다. 그러나 하나님의 자녀인 우리는 우상이나 우리 자신을 신뢰하도록 부름 받은 것이 아니다. 그날 당장 하나님이 얼굴을 보여주실 것인지를 묻거나 재촉하지 않았던 엘리야처럼 우리도 그렇게 되도록 지음 받았다. 그는 기도로 도우심을 간구했고 하나님은 하늘에서 불을 내려 주심으로 응답하셨다.

어쩌면 지금 당신에게 필요한 것은 하늘에서 내려오는 불이 아니라 평강인지 모른다. 혹은 어떻게 결정해야 할지 몰라 답답해하는 상황에서 분별할 수 있는 지혜가 필요할 수도 있겠다. 아니면 실직하게 될지언정 옳은 일이라면 끝까지 밀고 나가는 용기일 수도 있다. 또는 너무 외로워서 사랑을 갈구하고 있을 수도 있겠다. 아니면 같은 길을 가면서 곁에서 늘 지원해 줄 수 있는 동역자가 필요한지도 모르겠다. 필요한 것이 무엇이든 중요한 것은 하나님이 당신을 아시고 당신의 형편도 다 아신다는 사실이다. 그는 당신의 삶에 필요한 모든 것과 필요한 사람들을 부쳐주실 뿐 아니라 상황까지도 조성해 주실 수 있는 분이시다.

그러나 하나님은 강압적이지 않다. 하나님은 자녀들이 평강과 사랑을 알기 원하시며 지혜를 얻기 바라시지만, 우리가 간구할 때까지 기다리고 계신다는 사실을 깨달아야 한다.

그분은 조금 "도와주는" 정도가 아니라 훨씬 많은 것을 해주시면서 우리를 완전히 변화시키기를 원하신다. 하나님은 무엇인가 초자연적인 일, 이를테면 하늘에서 불이 떨어지는 것 같은 기적적인 변화가 우리 삶 속에 일어났음을 사람들이 알도록 연약한 마음에 담대함과 용기를 부어 주길 원하신다. "지혜와 계시의 영"(엡 1:17; 사 11:2을 보라)이신 하나님은 우리를 그의 지혜로 가득 채우시고, 우리 안에 계신 성령은 우리를 변화시켜 그리스도를 닮아가도록 도와주시는데 그 작업은 그의 나라가 완전히 임하기까지 끝나지 않을 것이다. 그분은 지금 하시는 일을 단념하거나 중단하지 않으신다.

갈라디아 5장에 나오는 "성령의 열매"에 관한 구절은 우리가 잘 아는 말씀일 것이다. "오직 성령의 열매는 사랑과 희락과 화평과 오래 참음과 자비와 양선과 충성과 온유와 절제니 이 같은 것을 금지할 법이 없느니라"(22-23절). 열매의 특성들을 일일이 다 외우고 있는지 모르지만 지금 이 속성들을 살펴보며 초자연적이라 할 정도로 각각의 특성들이 당신의 삶에서 드러나고 있는지 자문해 보라. 당신이 아는 몰몬교 신자보다 더 큰 자비와 충성이 당신에게서 나타나는가? 이슬람교도인 친구보다 더 많이 절제할 수 있는가? 불교 신자보다 더 많은 평강을? 그리고 무신론자보다 더 많은 기쁨을 누리고 있는가? 진정으로 당신 안에 하나님이 살아 계신다면 당신은 다른 사람들과 달라야 하지 않겠는가?

그런데 나를 가장 안타깝게 하는 것은 우리 안에 하나님이 살아 계심에도 믿지 않는 자들과 다른 점이라고는 전혀 찾아볼 수 없다는 것과 이에 대해 전혀 괴로워하지 않는다는 점이다. 대개 교인들은 "모든 지각에 뛰어난 하나님의 평강"(빌 4:7)대신, 어느 정도 평안하면 만족해한다. 그저 한 주간 버틸 만큼의 평안이면 족하다고 생각하는 것이다(아니면 그날 하루만이라도).

물론 내 삶에 있어서도 하나님의 초자연적인 도움과 임재로 말미암아 하루를 버틸 수 있던 때가 있었다. 내가 말하는 정말 견디기 힘든 때가 어떤 것인지를 이해하는지 모르겠다. 보통 우리 모두는 이와 같은 때를 경험하며 살아왔다. 이를테면 단 10분씩이라도 평안과 견딜힘을 달라고 간구해야 할 때가 있다는 것이다. 그러나 내가 말하려는 것은 우리가 이런 식으로 날마다의 삶을 연명해 간다면 세상 사람들과 무엇이 다르겠는가?

세상이 도저히 이해할 수 없는 그런 평안이 우리 안에서 넘쳐 날 때, 그때 세상은 우리를 주목하게 된다. 그때 사람들은 "당신의 주님, 그는 참 하나님이시다!"라고 고백할 것이다.

※※※

당신에게 죄책감을 주려고 이 장을 쓰는 것이 아니다. 여기서 자신을 한번 정직하게 성찰해 보도록 도전하고 또 그런 계기를 마련키 위함이다. 기쁨 충만하다는 것이 어떤 것인지 아는가? 지금의 형편과는 상관없이 당신은 진정한 평안을 누리고 있는가? 상대방의 반응이야 어떻든 당신은 변함없이 그에게 친절하게 대하는가?

하나님의 평강과 사랑이 충만할 때 전혀 스트레스를 받지 않는다거나 염려하지 않는다는 말이 어떤 의미인지 상상할 수 있는가?

이런 덕성이 당신의 모습에서 드러나길 원하는가? 평강이나 절제, 그 외의 모든 덕성들은 우리 모두가 원하는 것이 아닌가?

이 구절에서 "열매"라는 말이 단수라는 데 주목하라. 성령의 많은 열매들이라 하지 않은 이유는 하나의 열매 속에 각기 다른 덕성(사랑, 희락, 화평 등등)들이 들어 있기 때문이다. 이는 결코 쉽게 만들어지는 것이 아니다.

당신의 경우는 어떨지 모르지만, 나의 한계는 그리 쉽게 많은 사랑을 베풀 수 없다는 것이다. 기를 쓰고 견뎌내려는 인내심도 없거니와 그런 식으로 가능한 일도 아니기 때문이다. 누구도 자기의 힘으로는 "선"을 행할 수 없을 뿐 아니라 성령의 열매에 담겨 있는 나머지 다른 품성들도 행할 수 없다.

우리는 자신을 변화시킬 수 없는 무능함에도 좀 더 평안하고 안락한 삶을 살고 싶은 욕망을 안은 채 애를 쓰고 있다. 그러는 동안 우리는 하나님의 관심이 우리가 무엇을 하느냐가 아니라 우리가 어떤 사람이 되느냐에 있다는 것을 잊고 있다. 그러므로 의지력으로 무엇을 이루려고 애쓰는 대신에 변화의 능력을 갖고 계신 하나님께 도움을 간구하는 일에 우리의 모든 에너지와 시간을 드리자. 그리고 우리의 삶 속에 성령의 열매를 맺게 해 달라고 시간을 내서 간구하자. 진짜 우리가 닮고 싶은 그분과 더 많은 시간을 보내도록 하자.

개인 생활에 있어서 나는 멘토들이 하는 대로 그냥 따라 하는 것에 만족하지 않는다. 그들과 더불어 시간을 보내기 원한다. 그것은 내가 정말 존경하고 닮고 싶은 그들과 함께 시간을 보냄으로써 단순히 "그들이 하는 것을" 흉내 내려고 애쓸 때보다 훨씬 더 그들을 닮아갈 수 있기 때문이다. 이를 악물고 "나는 해내고 말 것이다."라고 결심한다고 되는 일이 아니다. 그렇다고 그리 쉽게 변하는 일도 아니다. 그러나 이런 변화는 성령의 능력으로 말미암아 우리 삶 가운데 이런 열매가 맺히도록 하나님께 간구할 때, 그리고 하나님과 교제하는 시간을 가질 때 비로소 시작되는 것이다.

내가 가장 좋아하는 성경 구절은 야고보서에 나온다.

> 엘리야는 우리와 성정이 같은 사람이로되 그가 …… 간절히 기도한 즉 (약 5:17)

단지 당신이 엘리야 선지자가 아니라는 이유로 삶 속에 성령의 역사가 이루어지도록 담대하게 간구하는 일을 포기하지 말라. 이 구절이 말해주듯이 엘리야는 우리와 같은 본성을 가진 우리와 똑같은 사람이다. 그에게 한 가지 비결이 있었다면 그것은 그가 간절히 기도했다는 사실이다.

"나도 엘리야가 기도했던 바로 그 하나님께 기도하는데…."라는 생각을 해 본 일이 있는가? 영적인 면에서 모세나 에스더, 다윗이나 다니엘이 당신보다 유리할 게 없다는 사실을 믿는가? 사실 혹자는 당신이야말로 부활하신 주님과 내주하시는 성령이라는 두 분의 유리한 점을 다 가지고 있다고 주장한다. 성경에 나오는 경건한 하나님의 사람들은 기도생활이라는 면에서 우리가 도저히 따라갈 수 없는 사람들이라고 단정하지 말라. 베드로나 바울, 마리아, 룻도 "우리와 성정이 같은"(약 5:17) 사람이라는 사실을 상기하라. 그리고 간절히 기도하라. 정말 하나님이 필요한 상황인데도 우선은 피하고 싶은 생각이 고개를 들 때가 있다. 이는 우리 모두가 거의 마찬가지라는 생각이다. 최소한 견뎌 내기 위해서는 하나님이 필요한 절박한 상황에서 하나님께 모든 것을 맡기고 결사적으로 매달리기보다는 우선 피하고 보자는 식이다. 만일 엘리야가 바알 선지자들을 대항할 용기가 없었더라면, 또한 간절히 기도하지 않았더라면 그와 같이 놀라운 방식으로 하나님의 능력을 경험하지 못했을 것이다. 그런데 의심이 고개를 드는 순간, 나는 이런 생각을 하지 않을 수 없었다. 하나님이 만일 그날 불을 내려보내지 않았더라면 엘리야는 영락없이 바알 선지자들과 똑같은 처지가 됐을 텐데…… 어떻게 됐을까? 그랬더라면 정말 어땠을까?

분명 이 경우는 우리가 저지른 모든 급박한 상황에서 하나님의 하나님 되심을 증명해 달라고 억지를 쓰는 것이 아니다. 그러나 하나님은 그의 백성이 절박한 상황에서 그를 찾을 때 나타나시기를 기뻐하시는 분임을 상기시켜 준다는 면에서 이 사건은 매우 중요하다. 어떤 상황에서도 하나님의 영광을 가로챌 사람은 아무도 없다.

※ ※ ※ ※ ※

다시 구약으로 돌아가 사사기 7장에 나오는 기드온의 이야기를 살펴보기로 하자. 기드온은 32,000명의 강한 군사와 함께 출동하지만 하나님은 여러 단계를 거치면서 의도적으로 인원을 줄이셨고 결국, 나중에는 300명만 남게 하셨다. 하나님이 이렇게까지 하신 데는 "자, 우리가 해낸 일을 보라."라며 아무도 자만하지 못하게 하기 위함이었다고 생각한다. 그들이 적군을 물리칠 수 있었던 것은 하나님의 능력이었다는 것을 사람들은 알았다. 오직 하나님으로 말미암아 300명이라는 적은 군사력으로 훨씬 많은 미디안 군대를 완패시켰던 것이다.

하나님은 우리가 하는 일을 통해 찬양받으시기를 원하신다. 하지만 우리가 담대하게 기도하지 않는다면 어떻게 하나님이 응답하실 수 있겠는가? 절체절명의 자리까지 하나님을 따라가지 않는 우리에게 어떻게 하나님이 나타나셔서 그의 임재를 알려 줄주실 수 있겠는가?

사람들이 당신의 삶을 보고 엘리야나 기드온의 경우와 마찬가지로 하나님께 영광을 돌릴 것이라고 말할 수 있겠는가?

　오직 나의 선천적 재능만 믿고 나 자신의 힘과 능력으로 잘 살아갈 때, 사람들은 내가 사는 방식을 보며 자연히 나를 칭찬할 것이다. 그러나 내가 철저하게 성령만 의지하는 삶을 살아갈 때 사람들은 나의 아버지 하나님을 찬양하게 될 것이다.

※ ※ ※

　하나님의 손길을 마지막으로 느낀 것이 언제였는지 자문해 보라. 아무도 우연의 일치라고 말할 수 없는 방식으로 당신이 하나님을 경험했던 때를 상기해 보라. "하늘에서 불"이 내려온다든지 "천둥 같은 소리"를 듣는 경험은 아닐지 모른다. 어쩌면 당신이 깊은 절망에 빠졌을 때 희망의 속삭임으로 다가왔을지 모른다. 또는 누군가가 조건 없이 당신을 받아줌으로써 하나님을 경험했을 수도 있겠다. 아니면 저녁노을을 바라보며 황홀함을 느끼는 순간 하나님의 성품을 느꼈을 수도 있겠다. 이처럼 다양한 방식으로 우리는 하나님을 경험하게 된다. 이렇듯 하나님은 사랑하는 그의 자녀들과 소통하며 교제하시는 가운데 자신을 드러내기를 기뻐하신다.

　구약은 물론 신약성경 전반에 걸쳐 성령이 등장한다. 나는 성경을 믿기 때문에 성령도 믿는다. 설령 당신이 내가 성경을 읽고 깨달은바, 성령에 관해 내가 "아는" 것을 다 빼앗아 간다 할지라도 성령에 대한 나의 "솔직한 고백"은 '그래도 나는 그를 믿을 것이다.'라는 것이다.

도저히 부인하거나 도외시할 수 없는 방식으로 내 삶 속에서, 또는 내 삶의 주변에서 성령 하나님을 경험했기 때문에 나는 의심 없이 성령을 믿는다. 나는 성경을 무시하는 일에 동조하지 않으며 모든 것을 체험에 근거하지도 않는다. 그러나 내가 체험한 것이 현재든 과거였든 또는 개인적이든 그리스도의 몸인 교회공동체이든 간에 그 체험을 완전히 무시한다는 것은 비성서적이다.

당신이 만일 부인할 수 없는 방식으로 하나님을 경험해 본 일이 없었다면 당신은 아마 부족함이 없거나 의존적인 삶을 살지 않았다고 할 수 있을 것이다. 그런데 하나님은 자녀들이 그의 이름을 부를 때 나타나시기를 기뻐하신다. 또한 당신이 복잡한 인간관계나 죄와의 씨름에서, 온전히 하나님을 의지할 때 성령께서는 자신을 드러내기를 기뻐하신다. 당신은 이런 방식으로 성령께 의지하며 살아가고 있는가? 아니면 당신 자신의 힘과 재주로 연명해 가는가?

우리는 한 가족이었다

얼마 전 전직이‚폭력배였던 분이 우리 교회에 출석하게 되었다. 몸에 큰 문신 자국이 남아 있고 말씨는 거칠었지만, 교회가 어떤 곳인지 매우 궁금해 했다. 얼마 후 그는 예수님을 만났고 교회 일에도 잘 참여하는 듯했다.

수개월이 지난 후, 그분이 더 이상 교회에 나오지 않는다는 사실을 알고는 왜 요즘 교회에 오지 않느냐고 물었더니 그는 다음과 같이 이유를 밝혔다. "교회가 어떨 것이라는 제 추측이 빗나갔습니다. 교회에 나오기 시작하면서 저는 교회에 다니는 것이 폭력조직에 가담하는 것과 비슷하리라 생각했습니다. 아시겠지만 폭력조직에서는 일주일에 한 번씩만 서로에게 잘 대해 주는 게 아니었습니다. 우리는 한 가족이었습니다." 그의 말에 나는 한 방 얻어맞은 듯했다. 왜냐하면, 그가 기대했던 바가 곧 교회가 의도한 본래의 모습임을 알고 있기 때문이다. 헌신과 사랑으로 하나 된, 가족의 모습을 교회가 아닌 일개 폭력조직에서 더 잘 구현될 수 있었다는 생각을 하니 너무 슬펐다.

교회는 아름다운 공동체를 이루도록 의도된 곳이다. 물질을 서로 나누며 한 사람이 고통을 당할 때 모두가 함께 고통을 나누는 곳이 교회다. 한 사람이 기뻐하면 모두가 기뻐하는 곳,

그곳이 바로 교회여야 한다. 모든 사람이 참사랑을 경험하며 상처가 있는 그대로 용납될 수 있는 곳이 교회인 것이다. 그러나 오늘날 대부분의 교회는 그 의도하는 바와 상당한 거리가 있음을 부인할 수 없다.

우리 가운데 성령이 없거나, 또는 성령이 우리 안에서 역사하시고 인도하지 않으시면 우리는 도저히 이런 공동체를 이루는 사람들 축에 끼지 못할 것이다. 성령 없는 진짜 신자와 성령 없는 진짜 교회는 세상 어디에도 없다. 도저히 불가능한 일이다. 그런데 개인적으로나 집단적으로 우리 삶 속에서 성령의 역사를 소멸하며 방해하는 일이 가능하다는 것이다.

나는 앞으로 어떤 일을 하려고 한다는 말에 질린 사람이다. 또한, 남을 돕거나 우리 자신의 획기적 변화를 모색하거나, 희생을 실천하는 방법을 찾기 위해 머리를 짜내며 의논하는 일에는 신물이 날 지경이다. 더 이상의 말 잔치를 나는 원치 않는다. 앉아서 줄곧 탁상공론만 하고 있기에는 인생이 너무 짧다. 따라서 예수님에 관해 말만 하는 것을 원치 않는다. 나는 예수님을 알고 싶고 나 자신이 작은 예수가 되고 싶다. 단지 성령에 관한 것을 글로 쓰는 일만 하고 싶지는 않다. 내 삶 속에서 성령의 임재를 실제로 경험하기를 사모한다.

이삼 개월 전, 우리 코너스톤 교회 장로 몇 분이 이런 질문을 하기 시작했다. "왜 우리는 초대 교회 신자들처럼 살지 못할까?" 사도행전의 말씀을 같이 읽어보자.

> 그들이 사도의 가르침을 받아 서로 교제하고 떡을 떼며 오로지 기도하기를 힘쓰니라 사람마다 두려워하는데 사도들로 말미암아 기사와 표적이 많이 나타나니 믿는 사람이 다 함께 있어 모든 물건을 서로 통용하고 또 재산과 소유를 팔아 각 사람의 필요를 따라 나눠 주며 날마다 마음을 같이하여 성전에 모이기를 힘쓰고 집에서 떡을 떼며 기쁨과 순전한 마음으로 음식을 먹고 하나님을 찬미하며 또 온 백성에게 칭송을 받으니 주께서 구원받는 사람을 날마다 더하게 하시니라 (행 2:42~47)

우리 교회 장로들이 "모든 것"을 서로의 발 앞에 갖다놓게 되면서 우리 교회에는 아름다운 나눔의 시간이 이어졌다. 자동차 열쇠며, 집 열쇠 심지어 은행 통장까지 모두를 드렸다. 그 장로들은 내 눈을 똑바로 바라보며 "제 것이 목사님의 것입니다. 만일 목사님께 무슨 일이든 생긴다면 제 자녀를 돌보는 만큼 제가 목사님의 자녀들을 돌보며 지원하겠습니다. 제가 목사님의 생명보험이 돼 드리겠습니다."라고 말했다. 복음을 위한 진정한 희생의 역사를 그들이 보았기 때문에 나는 그들의 말을 믿을 수 있었다.

그때부터 우리는 몇몇 교인을 찾아가 그들을 향한 우리의 헌신을 표현하기 시작했다. 지금 우리 교회 안에는 이런 인식이 파급되고 있다. 그들이 한 말이 희생적인 삶으로 입증되면서 교회공동체 안에는 새로운 삶이 자리 잡게 되었다. 자동차며 집들이 팔리거나 기증되었다. 화려한 휴가가 기쁨으로 다른 사람을 돌보는 일로 대치되었다. 사람들의 방문을 환영하며 기쁘게 대접했다. 식사뿐 아니라 아예 그 집에서 살기도 한다. 이와 같은 일은 성령과 동행하며 성령이 삶의 모든 영역을 주관하도록 간구하기 시작할 때 일어나는 작은 사례다.

나는 그저 한 교회 안에서 두세 사람이 행한 일로 말미암아 벌어지는 일을 나눈 것뿐이다. 사람들이 성령과 동행하며 모든 소유를 하나님께 드리기 시작한다면 그 외에 또 어떤 일이 벌어질까? 우리 함께 꿈을 꾸기로 하자. 이 일은 전 세계 여러 다른 문화권에서 각기 다른 양상으로 나타날 것이다. 성령께서는 북경의 신자들이 영국이나 아르헨티나 신자들과는 다른 일을 하도록 인도할 것이다.

이는 우리가 정말 성령이 필요한 삶을 살기 시작할 때 일어나게 될 일에 대한 암시에 불과하다. 이 일이 우리 코너스톤 교회에서는 이제 시작일 뿐이다.

강력한 것인가? 강요된 것인가?

사도행전을 읽다 보면 교회는 막을 수 없는 어떤 힘이라는 사실을 알 수 있다. 예수님이 "음부의 권세가 이기지 못하리라" (마 16:18)라고 예언하신 바와 같이 아무도 하나님이 하시는 일을 막을 수 없다. 초대교회는 강력하게 산불처럼 번져나갔다. 그러나 이는 빈틈없는 계획으로 된 것이 아니다. 성령의 역사로 말미암은 것이다. 폭동이나 고문이나 빈곤이나 다른 어떤 핍박도 그것을 멈출 수가 없었다. 이것이 우리 모두가 경험하기를 열망하는 성령운동의 모습이 아닌가?

그런데 오늘 우리 눈에 보이는 많은 것들은 이 같은 성령의 역사와는 상관이 없는 것 같다. 목사의 사임이나 교회 내의 불화, 예산 삭감 등으로 해서 교회가 쉽게 휘청거리고 있으니 말이다. 성령의 권능이 아닌 우리의 노력으로 세운 교회는 사람이 애쓰거나 닦달하지 않으면 곧 무너질 것이다. 나는 지난 수

년 동안 내가 무슨 일을 하든지 하나님이 함께해 달라고 간구했다. 그런데 사도행전을 읽으면서 하나님이 하시는 일에 참여하여 한 부분을 감당한다는 것이 특권임을 깨닫게 되었다.

최근 우리 교회에 몇 가지 문제가 드러나서 그 해결책을 모색하고자 토론회를 개최한 일이 있었다. 그런데 목사 한 분이 대뜸 이렇게 말했다. "나는 우리가 너무 열심히 애쓰고 있다고 생각합니다." 그는 이어서 자신이 기도생활을 통해 경험했던 초자연적인 일들에 대해 이야기를 했다. 그 즉시 우리는 말하는 일과 생각하는 일을 중단하기로 합의했다. 그리고는 한 시간 동안 집중적으로 기도하는 시간을 가졌다. 그날 "안건"은 다루어지지 않았다. 우리는 그동안 받은바 은사들을 동원해 가며 잘 처리하고자 지혜를 모으는 데만 급급했지 기도하는 일은 번번이 너무 소홀히 하고 있다(그러다 보니 시작도 결과도 별로 없이 하는 모든 일이 흐지부지된다). 인간의 능력으로는 할 수 없는 일, 즉 성령께서 그의 교회를 친히 세우시고 능력을 덧입혀 주시며 지켜 주시기를 간구해야 한다.

※ ※ ※

당신이 사는 곳이 어디든, 삶의 모습이 어떠하든 이 땅에서 무사한 삶을 추구하기 위해 당신 자신을 의지할 것인지, 아니면 당신이 성령의 전으로 그리고 온전히 하나님을 의지해야 할 피조물로써 당신의 삶 가운데 하나님의 영이 드러나고 변화되기를 갈망하며 살아갈 것인지 그 선택은 당신에게 달려 있다. 당신이 정말 성령과 동행하는 삶을 살아갈 때 사람들은 당신을 통해 하나님 아버지를 바라보며 그분께 영광을 돌리게 될 것이다. 이 책을 쓰면서 줄곧 드리게 되는 나의 기도는 이 책이 단순히 지식을 전하는 것이 아니기를 바란다는 것이다. 이상하게 들릴지 모르지만, 이는 내 진심이다. 기독교인들의 모임에 참석해 보면 대화의 주제가 진리의 말씀을 우리 삶에 어떻게 적용할 것인가 라기보다는 진리 자체에 관한 이야기로 시간을 보낸다. 도전을 주는 예리한 설교를 들은 후 식사시간에 나누는 대화는 주로 그 설교가 얼마나 "훌륭"했는지 얼마나 "감동"적이었는지에 관한 이야기들뿐이다. 그러고 나면 다시는 그 말씀에 대해 생각지 않으며 성령이 그 말씀을 통해 우리를 어떻게 변화시켜 주실 것인지에 대해서는 별 관심이 없다. 해박한 지식과 깊은 영성이 반드시 일치하는 것은 아니라는 것이 진리다. 지식이 하나님과의 관계를 더 깊게 밀착시킬 수는 있지만, 그것이 자동으로 되는 것은 아니다.

  마땅히 해야 할 일을 알고도 행치 않으면 이는 죄라고 성경은 지적한다(약 4:17). 다시 말해서 그 말씀을 삶에 적용하지 않고 지식에만 머물 때 그것은 우리가 죄를 짓고 있는 것이다. 하나님에 관해 배우는 것은 좋은 일이라고 생각하면서도 막상 하나님에 관한 지식을 얻은 후에도 하나님께 반응하지 않거나 그 진리를 삶에서 실천하지 않는다면 그것은 옳은 일이 아니다. 성경에 의하면 그것은 죄다.

모름지기 우리 모두가 단순히 지식을 얻는데 그치지 않기를 바란다. 아울러 배울수록 우리 안에 내주하시는 성령의 능력으로 말미암아 창조된 목적대로의 모습으로 더욱더 성장하고 변화되기를 기도한다.

> 하나님의 나라는 먹는 것과 마시는 것이 아니요 오직 성령 안에 있는 의와 평강과 희락이라 (롬 14:17)

마지막 전기(傳記)   The Final Biography

이 마지막 전기가 당신의 삶에 관한 기록이라면 어떻겠는가? 여기 무엇이라 기록될 것인가? 당신 안에 내재하시는 성령의 역사에 대한 이야기를 읽게 될 것인가 아니면 자신의 노력으로 성취한 당신의 업적에 관한 이야기를 접하게 될 것인가? 그러나 지난 세월 당신의 삶 속에 성령의 역사가 별로 없었더라도 실망하지 말라. 그보다는 바로 지금 온전한 믿음으로 기도하라. 놀라운 전기를 남길 수 있도록 성령이 당신 안에서 강하게 역사하기를 하나님께 간구하라. 당신이 이루었다고 믿기에는 너무도 초자연적인 삶이어서 그 누구도 당신을 칭송할 수 없는 전기, 그리하여 성령의 능력이 드러나고 예수의 이름을 높이며 하나님께 영광을 돌리는 그런 전기가 여기 기록되기를 소망한다.

나가는 글 Afterword

이 책의 독자인 당신을 위한 나의 기도와 바람은 교인들이 제발 당신을 평범한 사람으로 만들지 말았으면 하는 것이다. 즉 내 말은 우리는 너무 열정적이거나 너무 희생적이고 과격한 사람들을 보면 그저 진정시키려는 데만 신경을 쓴다는 뜻이다. 때로는 나도 다른 사람들에게 그렇게 했던 적이 있다. 그리고 또 다른 사람들도 내게 그렇게 했었다.

2년 전, 어느 만찬에서 나는 인신매매척결기관을 운영하는 분 옆자리에 앉게 되었다. 그는 성매매를 목적으로 팔려오거나 유괴된 아이들 대부분이 어떻게 하루도 빠짐없이 지속적으로 강간당하고 학대를 받는지를 이야기했다. 그리고 어떻게 그들을 변호해 줄 변호사가 한 사람도 없는지, 또 거기서 벗어날 방법은 정말 없는지 안타까운 그의 심정을 내게 토로했다.

그날 밤, 잠자리에 들었지만 나는 도저히 잠을 이룰 수가 없었다. 내 아이들이 그 상황에 처해 있는 모습을 상상하기도 했다. 소용없는 일일지 모르지만, 너무도 생생한 나머지 나는 그만 흐느끼고 말았다. 그 끔찍한 지난날의 장면을 머릿속에서 지워 버릴 수가 없었던 것이다. 그리고는 내 어린 딸에게 정말 그런 상황이 닥친다면 어떻게 할 것인지에 대한 생각을 하기 시작했다. 내 딸을 구할 때까지 멈추지 않으리라는 것을 나는 안다. 딸을 구할 수만 있다면 가능한 한 모든 도움을 얻기 위해 내가 아는 모든 사람을 동원할 것이다. 그날 밤, 잠자리에 누워 딸아이를 구하기 위해 할 수 있는 모든 일을 궁리하다 보니 점점 더 열에 받쳤다.

드디어 일이 벌어졌다. 나는 분명한 하나님의 음성을 자주 듣는다는 사람들(그런 사람들을 알고는 있지만) 축에는 끼지 않지만, 그날 밤 성령이 내게 말씀하셨다. "네가 그들을 네 친자식처럼 사랑하길 원한다"는 그분의 그 음성에 나는 압도되고 말았다. 이 아이들을 정말 내 친자녀로 여겼다면 나는 그들을 위한 기도를 멈출 수 없었을 것이다. 또한, 사람들에게 그 아이들을 구하는 방법을 좀 찾아봐 달라고 애타게 간청했을 것이다. 사실 나는 몇 시간을 울었다. 이 귀한 내 아이들이 나쁜 사람들에게 이용당한다는 생각을 하니 견딜 수가 없었다. 지금 나는 그 사명을 감당하고 있다. 하나님께 받은 사명이기에.

코너스톤 교회로 돌아가 하나님의 군대를 결집하던 때를 기억한다. 내 속에 불이 붙었고 또 다른 이들에게도 불을 질렀다. 이렇게 수개월이 지나면서 나는 제재를 받게 되었다. 내 주변 사람들이 성매매 문제와 관련해서 나를 자제시키기 시작했다. 그들은 "프랜시스, 당신이 온 세상을 다 구할 수는 없습니다.", "당신은 이미 많은 일을 하셨습니다. 너무 무리하지 마십시오."라고 했다. 그러자 하나님이 내게 주셨다고 믿었던 성매매 납치 아이들을 향한 나의 열정이 차츰 식어갔다.

이와 같은 일은 늘 벌어진다. 교회에서 우리는 열정적이고 담대한 사람들을 이런 방법으로 유유자적하게 하거나 경직되게 만든다. 그들 안에 시작된 성령의 역사를 소멸시키는 것이다. 그런데 사도행전 4장 13절에 나오는 초대교회의 상황은 이와는 정반대였다. 베드로와 요한이 산헤드린 앞에서 다음과 같은 사실을 증거 했다. "그들이 베드로와 요한이 담대하게 말함을 보고 그들을 본래 학문 없는 범인으로 알았다가 이상히 여기며 또 전에 예수와 함께 있던 줄도 알고". 사람들은 이들의 담대함에 놀라게 되었다. 또한, 그들이 교육받지 못한 사람들이라는 사실에 더 놀랐던 것이다. 베드로와 요한은 풀려난 직후, 다른 신자들에게 돌아가 더욱 담대함을 주시기를 간구했다(4:29).

왜 오늘 우리는 이렇게 하지 못할까? 일반적으로 우리는 이와는 반대 입장을 취한다. 하나님을 위해 담대하게 일하는 사람들을 격려해 주고, 하나님이 부르신 일에 충성할 방법을 모색하는 그들 곁에서 격려하기는커녕 도리어 그들에게 뒤로 한 발 물러서 천천히 하라고 제동을 걸고 있다. 믿는 사람들의 용기에 놀라는 게 아니라 오히려 그들의 소심함과 용기부족에 자주(그리고 불행하게도) 놀라게 된다. 우리의 이런 모습이 성경적 모델과 얼마나 대조적인가!

이삼 개월 전, 여름캠프에서 말씀을 전할 기회가 있었는데, 어린이를 후원하는 기관에서 주최한 집회였다. 한 자원봉사자로부터 이번 캠프 참석자 중에 혼자서 14명의 어린이를 후원하는 16세 소녀에 대한 이야기를 들었다. 그 이야기를 듣고 나는 놀라지 않을 수 없었다. 14명(월 한 명당 약 30불)의 어린이라면 감당하기에 적지 않은 금액이다. 이 소녀에게 어떻게 이 일을 할 수 있었는지 물었다. 그는 일 년 내내 아르바이트를 하고 있으며 이 아이들을 후원하기 위해 특별히 여름에는 세 곳에서 일을 한다고 했다. 대개 그 또래의 다른 아이들이라면 자동차를 사겠다고 돈을 모으느라 야단인데 이 소녀는 생명을 살리는 일을 하고 있다니! 이 소녀는 하나님이 자기를 사랑하시는 것과 똑같이 이 어린이들도 사랑하신다는 것을 믿고 있었다. 때문에 어렵게 고생해 가며 번 돈을 자기를 위해, 자신의 미래를 위해 사용하는 것이 아니라 그들을 위해 기부할 수 있었던 것이다.

아무쪼록 교인들이 이 소녀가 부르심에 응하지 못하도록 만류하지 않기를 간절히 기도한다. 부디 교인들이 그 소녀에게 다음과 같이 말하지 않기를 기도한다. "이제부터는 정말 너 자신을 생각해야 한단다. 네 장래와 교육문제가 중요하거든. 네가 지금까지 한 일만으로도 충분하다. 그러니 지금부터는 너 자신을 위해서 앞으로 무엇을 할 건지 생각해 보아라." 아마 이 소녀는 자기가 후원하는 여러 나라의 어린이들이 자신만큼이나 중요하다는 확신을 굳게 지켜 갈 것이다. 이 소녀의 확신이 순전히 자신의 열정적인 사랑과 희생에서 비롯된 것은 아닐 것이다.

최근 아내와 나는 앞서 출판한 『크레이지 러브』(Crazy Love, 미션월드) 인세를 모두 '이사야 58 기금'(Isaiah 58 Fund)에 헌금하기로 했다. 모든 수입이 전 세계에 도움이 필요한 사람들, 기아와 질병, 헐벗음, 성매매로 희생당한 어린이들을 위해 쓰일 것이다. 그 수입을 다 우리가 챙긴다 하더라도 사실 그리 필요하지 않은데 소비하게 되리라 판단했기 때문이다. 장기적인 안목에서(지금으로부터 80년) 후회할 일이 아니라는 것을 우리는 알았다. 그러나 이 돈으로 우리 부부가 이 세상을 떠난 후에는 필요도 없을 쓸데없는 것들을 샀다면 나중에 실망하고 후회하게 될 것이다. 그러나 이에 대한 몇몇 곱지 않은 반응과 시선이 가히 충격적이어서 우리를 낙심시키기도 했다.

사람들은 우리가 어리석게 행동한 것이며 하나님이 주신 선물을 무책임하게 사용한 것이라고 비판했다. 비상시에 대비해서 최소한 얼마쯤은 남겨놓았어야 했다는 말까지 했다. 이에 대해 나는 "캄보디아나 태국 심지어 미국에서까지 매일 강간 당하는 어린이들이 있는데 이들의 생명이 비상시에 처한 것이 아닌지요?"라고 물었다. 무심코 교회가 성매매를 긴급 상황이 아닌 것처럼 가르치고 있다는 생각을 하게 되었다. 나는 이것이 죄라고 믿는다. 단지 나와 내 가족에게 닥친 긴급 상황만 비상이란 말인가?

이 어린이들을 돕기 위해 모든 사람이 직장에서 번 돈을 전부 기부해야 한다는 말을 하려는 게 아니다. 출판물 인세는 모두 구호기금에 사용되어야 한다는 것도 아니다. 모든 사람이 성매매척결기관 사업에 동참해야 한다는 것은 더욱 아니다. 내가 말하고자 하는 것은, 우리가 상식으로는 도저히 이해할 수 없다고 해서 성령이 인도한다고 생각되는 사람들을 모두 미친 사람으로 취급하지 말라는 것이다. 그보다는 과연 그런지를 분별하는 일에 관심을 가지고 참여해야 한다는 것이다. 사람들을 낙심시키는 일을 서슴없이 하는 대신에 더 깊은 통찰력과 담대함을 달라고 기도해야 한다. 그리고 우리의 말과 행동으로 사람들에게 주어진 성령의 인도하심을 소멸케 할 것이 아니라 그들 안에서 또 그들을 통해서 일하시는 성령의 역사를 함께 기뻐하며 동참해야 할 것이다!

이것은 어떤 과격하거나 유별난 삶의 방식에 관한 것이 아니다. 이는 성령의 음성을 분별하며 순종하는 것을 말한다. 특히 성령이 요구하시는 일이라면 설사 그것이 힘들고 약간은 "정상"을 벗어나 희생이 따르는 일일지라도 역시 기쁨으로 순종해야 한다는 것이다. 이것은 이중적인 일이다. 즉 성령의 인도하심을 따르도록 다른 사람을 독려하는 일과 삶 속에서 당신 자신이 성령의 인도하심에 민감하게 반응하고 순종하는 일, 이 두 가지에 관한 것이다. 이제 담대함과 능력이 느껴지는가? 당신의 대답이 예가 되든 아니오든 우리 모두는 더 큰 용기와 담대함을 간구해야 한다.

이제 끝으로, 독자인 당신과 함께 다음과 같이 기도드리면서 이 책을 마치려 한다.

성령이시여, 당신께 지은 죄가 무엇인지 이제야 깨달았습니다.

당신을 근심케 하고 당신을 거역하며 당신을 소멸시킨

우리 죄를 용서해 주옵소서.

죄와 반항심, 완악함으로 당신을 거역했습니다.

때로 우리 영의 눈이 멀었었습니다.

때로는 당신이 원하시는 것이 무엇인지 알면서도

당신의 강권하심을 무시했습니다.

하오나, 이제는 그렇게 살고 싶지 않습니다.

우리를 변화시켜 주시옵소서.

오직 당신을 통해서만 참으로 예배할 수 있음을 알았습니다.

성령이시여, 우리를 예배의 자리로 인도하실 분은

오직 당신뿐이라는 것을 이제는 깨달았습니다.

진리와 거룩과 생명의 영이신 성령이여,

우리에게 주신 진리와 거룩함과 생명으로 인하여 감사드립니다.

이 땅에서 살아가는 동안

우리에게 당신의 지혜와 분별력을 주옵소서.

불신앙과 두려움에서 우리를 구해 주시옵소서.

당신이 원하시는 일을 행하며

당신이 기뻐하시는 방법으로 살아갈 수 있도록

우리에게 당신의 능력을 덧입혀 주시옵소서.

세미한 음성으로 우리를 깨우쳐 주시사

악한 세상 온갖 유혹에 탐닉하지 말게 하소서.

절제와 사랑의 영이신 성령이시여 우리에게 자제력을 주셔서

육체의 헛된 욕망에 사로잡히지 말게 하시고

당신만 따르게 하옵소서.

우리에게 당신의 크신 사랑을 부어 주시어

담대함으로 행동하는 그리스도인이 되게 하옵소서.

당신의 신부인 교회를 섬기고 사랑하신 것처럼

우리도 그렇게 할 수 있도록 우리를 통해 역사해 주옵소서.

성령이여 임하소서. 우리 각자를 부르신 곳에 임하소서.

당신이 임하시면 무슨 일이 일어날지 어떤 모습으로 임하실지,

아직은 모르오나

그럴지라도 당신의 임재를 사모하오니 임하소서.

성령이여 우리에게 임하시옵소서.